KB065915

사랑

"삶의 재발명"

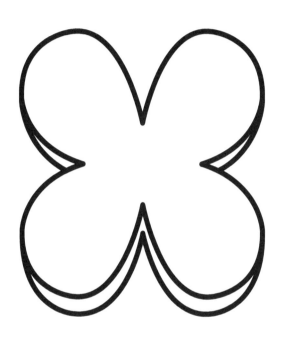

사 랑

임지연 지음

은행나무

나는 이 책을 이십 대 후반을 통과하고 결혼 생활을 뚫고 가면서 물었던 사랑에 대한 몇 가지 질문들 속에서 기획하게 되었다. 먼저 그 질문들에 대해 얘기해보자. 한때 나는 나지막하고 여린 존 레넌의 노래 '오 마이 러브Oh my love'를 즐겨 들었다.

> 오 내 삶에서 처음인 사랑이여
> 내 눈은 크게 열려요
> (……)
> 나는 바람을 보아요
> 오 나는 나무들을 보아요
> 모든 것이 내 마음속에서 선명해요

아마 오노 요코와의 사랑을 경험하면서 만들었을 존 레넌의 이 노래는 사랑의 인식론쯤에 해당되는 것 같다. 모든 사랑은 첫사랑일 것이고, 사랑의 문을 열고 들어가 어둠 속을 헤매다 보면 불현듯 모든 것이 분명하게 보이는 지혜가 생길 것 같은 노랫말로 나는 해석했다. 이즈음 나는 격렬한 이십 대를 보내고 마음의 평화를 고대하면서 어서 빨리 늙어가길 바랐다. "그립고 아쉬움에 가슴 조이던/ 머언 먼 젊음의 뒤안길에서/ 인제는 돌아와 거울 앞에 선/ 내 누님같이 생긴 꽃"(서정주, 〈국화 옆에서〉)처럼 격정의 시간들을 견뎌내고 국화꽃같이 굳센 향기를 품은 사람이 되고 싶어 했던 때였다. 태풍이 지나가는 바다처럼 사랑의 감정은 젊은 우리들을 격랑 치게 했다. 사랑의 열정 이후에 남는 것이 있다면, 아마도 사랑의 지혜 같은 것이기를 바랐으리라. 존 레넌은 '오 마이 러브'에서 사랑을 더 넓은 감각과 세계를 얻어가는 지혜로 파악한다. 그러나 삶에서 경험하는 사랑은 꼭 그렇지 않았다. 모든 것이 분명하게 잘 보이는 사랑의 공간은 어디에 있는 걸까? 사랑이 성숙해진다면, 사랑은 내 안에 일렁이는 폭풍우를 잠재울 수 있을까? 나는 사랑을 통해 바람과 나무를 분명하게 볼 줄 아는 큰 눈을 가질 수 있을까? 존 레넌이 부른 사랑은 어디에 있는 걸까? 이 세상에는 존재하지 않는 사랑의 유토피아인가? 사랑이란 도대체 무엇인가?

첫 번째 질문. 사랑과 파괴의 역설을 어떻게 이해해야 하나? 나는 보통의 이십 대처럼 사랑과 미래를 고민하면서 에밀리 브론테의 소설 《폭풍의 언덕》과 같은 시간을 보냈다. 폭풍의 언덕 위에 서서 그 바람을 온몸으로 다 맞았던 것 같다. 그 시절 사랑은 쾌락이나 기쁨보다는 번민에 가까웠다. 아니면 이광수의 소설 《무정》에 나오는 인물들처럼 공적 사랑으로 승화된 숭고한 사랑에 시달렸던 것도 같다. 사소한 감정을 소비하는 사랑보다 더 큰 사랑이 있을 것이라는 환상에 시달렸던 것이다. 번아웃된 이십 대 후반 존 레넌의 노래를 들으며 이제는 평화롭고 지혜로운 시간의 도래를 간절히 바랐다. 그러나 그 이후 '오 마이 러브'의 평화로운 시간이나 '국화꽃'처럼 향기로운 시간을 향유할 수 있었는지는 잘 모르겠다. 그랬던 것 같기도 하고 그렇지 못했던 같기도 하다. 존 레넌의 노래처럼 사랑을 통해 바람과 나무를 더 잘 볼 수 있기도 했고, 모든 게 더 분명해 보이기도 했지만, 격렬한 피로감을 느끼거나 길을 잃기도 했다. 사랑은 삶의 에너지를 빼앗아가기도 한다. 타인을 사랑하면서 자기를 온전히 보존하는 일은 불가능했다. 이때 나의 의문들, "왜 사랑은 우리의 삶에 신선한 에너지를 주지 못할까? 왜 사랑은 미래의 발목을 잡는 걸까? 왜 나를 나답게 하지 못하게 할까? 왜 나를 성장하지 못하게 할까?" 《폭풍의 언덕》이 아름다운 까닭은 캐서린과 히스클리프가 자신의 삶을 살지 못하고 서로를 파괴하는 삶의 방향으로 나아갔기 때문일까? 사랑과 파괴의 역설을 어떻게 이해해야 하나? 이것이 나의 첫 번째 사랑에 대한 질문이었다.

두 번째 질문. 사랑은 청춘의 전유물인가? 주변의 사람들을 유심히 관찰하게 될 때가 있다. 부모님, 동료들, 친구들의 삶을 지켜보면, 여전히 사람들은 사랑 때문에 힘들어한다. 가령 우리들의 부모를 보자. 노년기를 맞이한 그들은 "머언 먼 젊음의 뒤안길"을 걸어와 "이제는 거울 앞에 선" 국화꽃처럼 살아갈 것 같지만, 늦가을의 서릿발처럼 서로에게 상처를 주며 미워하고 괴로워한다. 더 사랑하고 싶지만 어떻게 사랑해야 할지 모르고, 더 이해받고 싶지만 이해의 방법도 잘 모르며, 급기야 상대방에 대해 무지하기조차 하다. 내가 아는 어떤 노부인은 평생 워킹맘으로 살면서 남편과 친밀한 관계를 유지하지 못했는데, 퇴직한 후 삶이 더 어려워졌다고 했다. 삶의 긴박한 문제들을 어느 정도 해결했으니 행복한 시간을 향유하고 싶지만, 그게 잘되지 않는다는 것이었다. 젊은 시절부터 해결되지 않은 갈등들은 오히려 수면 위로 떠올라 이들을 갉아먹었다. 노부부는 서로 이해해주지 않는다며 상대를 공격하거나 무시해버렸다. 나는 이 커플을 바라보며 서정주의 국화꽃처럼 평화롭고 향기로운 중년의 모습은 환상임을 깨달았다. 지금 사랑이 문제라면 그때도 사랑은 문제일 것이다. 노년의 삶이 곧바로 성숙하고 지혜로운 삶의 경지로 자동화되지 않기 때문이다. 그렇다면 사랑은 전 생애를 관통하는 중요한 문제가 된다. 풋풋한 첫사랑부터 황혼의 사랑에 이르기까지 사랑을 제대로 풀지 않으면 우리들은 무언가에 걸려 넘어질 수밖에 없다. 사랑은 청춘의 전유물인가? 장년기와 노년기의 사랑은 어떻게 이해해야 할까?

세 번째 질문. 사랑은 왜 어려운가? 세상에 태어나 사랑에 빠지지 않거나 사랑의 욕망을 가져보지 않은 사람은 없을 것이다. 사랑은 자기애를 극복하고 타자와 함께 공동체를 구성할 수 있는 에너지를 가진다는 점에서 포기할 수 없는 가치이다. 그럼에도 사랑이 현실적 삶에서 지속되기는 참으로 어렵다. 사랑의 이름으로 연인들은 싸우고, 상처 주고, 고통을 주며, 모멸감을 주거나 상해를 입히고, 심지어 죽이기까지 한다. 처음 연애가 시작될 때 세상은 장밋빛으로 빛나고 향기로 가득 찬 살아볼 만한 곳으로 인식되다가도 상대와의 차이가 갈등으로 변하면서 사랑은 감옥으로 변한다. 사랑하기 위해 만난 연인들에게 사랑이 지옥이 되는 이 경험을 어떻게 설명할 것인가? 그 이유를 상대를 잘못 만나서, 혹은 성격 차이 때문이라고 둘러댈 수 없다. 우리는 사랑의 고통이 어디로부터 오는가에 대해 질문해야 한다. 잘 사랑하려면 사랑의 개념이 무엇인지 알 필요가 있다. 사랑을 제대로 이해하지 못하면 사랑의 주체들은 잘못된 로드맵을 따라 원치 않는 지옥에 도착하게 된다.

네 번째 질문. 사랑의 이야기는 왜 여전히 매력적인가? 누구나 고등학교 졸린 오후 수업 시간에 젊은 선생님에게 연애 이야기 해달라고 조른 적이 있을 것이다. 섬진강에 연인과 놀러갔다가 너무 많이 걸어서 구두 뒤축이 빠져 절뚝거리며 돌아왔다는 영어 선생님의 이야기를 듣고 왜 그토록 재미있어했는지 모른다. 나는 수년 전 시민 인문 강좌에서 강연을 해야 할 일이 있었는데, 사람들이 가장 흥미로워하는 주제가 무얼까 고민하다가 '사랑 이야기'를 해야겠다고 결정했다. 강좌를 진행하면서 사랑의 문제가 시민적 삶의 중요한 형식이고, 사회학이나 철학에서 다룰 만큼 실존적이면서도 사회적 이슈가 되며, 이 문제를 해결하지 않고는 행복한 삶이 보장되지 않는다는 사실을 깨달았다. 시민들은 남녀노소를 불문하고 사랑 이야기에 집중했다. 여전히 우리들은 사랑의 이야기를 아름다운 것, 매혹적인 것, 이상적인 것, 가치 중의 가치로 인식한다. 왜 그럴까? 그것은 사랑이 높은 도덕성을 지닌 가치, 아름다움이라는 미학적 가치가 내재된 것이라는 관념이 작용하기 때문이다. 주체와 타자, 쾌락과 고통, 헌신과 자기 보존, 순수와 일상이라는 역설적 가치가 뒤범벅된 사랑을 우리는 여전히 동경한다. 죽을 것 같은 이별의 고통 이후에도 또다시 연애를 시작하는 이유는 사랑이 여전히 매력적이며 포기할 수 없는 가치이기 때문이다. 그렇다면 사랑이 무엇인지, 어떻게 사랑의 매력적인 이야기가 행복한 삶의 에너지로 전환될 수 있는지를 고민할 때다.

왜 사랑이 가치 있는 것일까? 맹목적이고 낭만적인 사랑은 왜 오히려 사랑을 방해하는가? 감정으로서의 사랑을 어떻게 삶의 에너지로 전환할 수 있는가? 사랑의 역사로부터 우리는 무엇을 배울 것인가? 사랑의 정치성은 어디로부터 정초되는가? 나는 맹목적인 사랑, 낭만적 사랑, 이념화된 사랑, 코드화된 사랑, 폐쇄적인 사랑으로부터 새로운 사랑을 어떻게 도출할 수 있는가에 초점을 둘 것이다. 사랑 자체가 아니라, 어떤 사랑인가가 중요한 문제다. 이 모든 해답을 명쾌하게 제시할 자신은 없지만, 사랑은 좋은 삶을 위한 긍정적 가치이며, 따라서 사랑의 개념을 재정립하고 그것을 삶 속에서 발명하는 일의 중요성을 강조하고 싶다. 사랑을 재발견하고 재발명하는 것은 삶을 재발견하고 재발명하는 일과 같다.

바야흐로, 신 연애 시대

위험 사회와 사랑

나의 어머니는 전형적으로 무뚝뚝한 충청도 토박이이다. 외모를 꾸미는 일에 관심을 둔 적도 없고, 상냥하고 살가운 말씨를 쓰는 일은 거의 없으며, 평생 다정함과 염려의 감정을 직접 드러내지 않으며 살아오신 분이다. 이른바 '본때 없는' 사람이다. 대신 묵묵하게 노동하고 주어진 일을 끝까지 해내며, 절대 군소리를 하지 않는 하얗고 질긴 광목 같은 삶을 사셨다. 그런데 이 양반이 어느 날부터 뜬금없이 전화를 걸어 건강한지 어떤지 시답잖은 질문을 하고는 "사랑해"라고 말하는 것이다. 책을 읽는 것 같은 문어체로 사랑한다는 말을 해놓고는 자신도 좀 어색한지 재빨리 전화를 끊으신다. 나는 어머니에게서 생전 처음 이 말을 듣고는 이 양반이 뭐가 필요하신 건가, 어디 편찮으신 건가 염려했지만, 어머니는 아랑곳하지 않고 주기적으로 이런 전화를 걸어 왔다. 내가 어색하게 웃으며 "예"라고 대답하는 것으로 통화는 끝난다. 왜일까? 왜 평생 다정다감한 감정 표현 없이 살아오신 어머니가 늙어가는 딸에게 어색한 사랑 고백을 하게 된 걸까? 그것도 몇 년째 지속하는 이유는 무얼까? 한참 기억을 더듬어 올라가니 처음 사랑 고백 전화를 받은 때가 2014년 세월호 사건 직후라는 걸 깨달았다. 세월호 사건을 보며 아마도 어머니는 우리가 언제 영원히 헤어질지 모른다는 불안감을 느끼셨던 것 같다. 잘못하다가는 평생 사랑한다는 말도 못하고 헤어질지 모른다는 불안감. 그리고 사랑하는 이들에게 사랑한다는 말함으로써 깊이 모를 불안감을 메워보려고 하신 것 같다.

세월호 사건 이후 한국 사회는 역설적으로 사랑의 공화국이 되었다. 물에 빠져 죽어가는 국민을 두 눈 뜨고 구경하는 국가, 누가 죽였는지 살인범을 규명하지 않는 국가, 어린아이를 잃은 부모에게 돈벼락을 맞았다고 비아냥거리는 사회, 어두운 이야기는 빨리 잊고 털어버리자고 거짓 위로를 하는 사회에서 사람들은 위험에 빠진 나를 누가 구할 것인가에 대해 근본적으로 질문하기 시작하였다. 아무도 위험에 처한 내 딸을 구해주지 않는다면, 아무도 죽어가는 내 자식을 구출해주지 않는다면, 나는 어떻게 해야 하는 걸까? 재난과 위험이 일상화된 현대사회를 살아가면서 사랑하는 이들과 영원히 헤어질지 모른다면 오늘 나는 무엇을 해야 하나? 사람들은 사랑으로부터 그 해답을 찾으려고 한다. 국가와 사회가 파놓은 결여의 지점에 사랑이라는 비물질적이고 탈제도적인 것으로 보충하려는 것이다. 이 눈물겨운 현상의 중심에 내 어머니의 어색한 사랑 고백이 존재한다.

울리히 벡은 현대 사회를 '위험 사회'로 특징짓는다.[*]

---

[*]   울리히 벡, 《위험 사회》, 홍성태 옮김, 새물결, 2006 참조.

위험 사회는 근대화 과정 자체가 유발하고 도입한 재해와 불안이 특정 지역이나 집단에 한정되지 않으며, 국경을 넘어 전 지구화의 경향을 띤다. 역사적으로 자본주의를 형성한 근대화 과정에서 부富의 발생은 필연적으로 위험의 발생을 야기한다. 따라서 현대사회의 위험은 지역적 범주를 벗어나며, 일시적인 것이 아니라 상시적으로 전 지역에 개입되어 있다. 가령 1989년 체르노빌 원전 사고나 2011년 일본의 후쿠시마 원전 사태가 대표적이다. 원전은 어느 국가에나 있다. 대재앙은 구소련이나 일본이 원전을 잘못 관리해서 일어난 사태가 아니라, 기술이나 문명이 내포한 한계 때문이다. 어떤 기계 장치이건 고장 날 수 있으며, 자연과 기후 변화는 예측하기 어렵다. 무엇보다 대재앙이 무서운 것은 누구에게나 일어날 수 있다는 점, 재앙의 원인이 분명하지 않다는 점, 죄 없는 시민들이 끔찍한 고통을 당해야 한다는 점, 재앙의 범위가 지구 행성 전체로 확장된다는 점이다. 현대 문명의 진보는 그만큼 위험 사회를 일상적으로 구조화한다. 한국도 지진으로부터 자유롭지 않으며, 수 개의 원전을 보유하고 있다. 위험은 우리 삶 속에 상주한다.

현대사회에 필연적으로 내장되어 있으며 상시적으로 발생 가능한 재난의 불안을 우리는 어떻게 취급해야 하는가? 국가와 사회, 세계 정치의 원리로 해결해야겠지만 그

위험 사회의 불안은 사랑을 소환한다

세월호 사건 이후 한국 사회는 역설적으로 사랑의 공화국이 되었다. 아무도 죽어가는 내 자식을 구출해주지 않는다면, 나는 어떻게 해야 하는 걸까? 사람들은 사랑으로부터 그 해답을 찾으려고 한다.

것에 기대를 철회한 원자화된 개인들은 재난 사회의 불안을 '사랑'으로 해결하고자 한다. 신이나 국가가 재난의 위험으로부터 구원해줄 수 없다고 판단될 때, 개인들은 사적 사랑을 요나의 고래 뱃속으로 인식한다. 누가 우리를 구할 것인가? 사랑이 구할 것이다. 위험 사회가 가속화되면 될수록 사랑은 현대인들의 새로운 종교가 될 수밖에 없다. 그것이 위험 사회와 사랑 간의 역설적 관계다. 또한 그것은 종교화된 사랑에 내포된 고도의 정치성이기도 하다. 바야흐로 '신 연애 시대'가 도래했다고 해도 과언이 아니다.

울리히 벡은 사랑이 현대의 종교가 되었다는 점을 포착하면서, 흥미롭게 사랑과 종교를 비교 분석한 바 있다.[*] 사랑과 종교는 완벽한 행복에 대한 기대와 이를 성취하는 과정이 비슷하다. 종교가 신의 에너지를 현실 속에서 펼쳐 나간다면, 사랑은 연인끼리의 성적 열정과 세계에 대한 새로운 감각을 통해 현실을 새롭게 구성할 수 있다는 것이다. 연인들은 사랑의 감정을 통해 지상에 속해 있지만 둘만의 왕국을 건설한다. 지상과 천국을 실현하는 방식에서 사랑과 종교는 비슷하다는 것이다. 종교는 사후에도 삶이 있다고 말하고, 사랑은 죽음 전에 삶이 있다고 말한다. 사

   *   울리히 벡·엘리자베트 벡 게른스하임, 《사랑은 지독한, 그러나 너무나 정상적인 혼란》, 배은경 외 옮김, 새물결, 1999 참조.

랑은 지상 위의 유토피아, 자본주의 안에 있는 공산주의라는 것이다. 사랑은 이질적인 것이 혼재되어 있다는 점에서 역설적인 혼란을 내장하고 있다. 반면 종교와 사랑의 차이는 그것이 실현되는 방식에 있다. 종교는 신과 교리라는 확고하게 주어진 체계가 있지만, 사랑은 자신들의 규칙과 방법을 스스로 만들어내야 한다고 벡은 지적한다. 사랑이 현실에서 실현되기 위해서는 각자 사랑법을 제조해야 한다는 말로 해석할 수 있다.

이미 주어진 사랑에 대한 개념은 시대성과 역사성이 반영된 수행성 체계를 내포한다. 사랑은 문화적인 것이다. 주디스 버틀러의 수행성performativity 개념은 주체의 행위가 규제되고 강제되는 현상을 산출하는 힘을 말한다. 버틀러에 따르면 정체성이라는 것은 사람의 본질적 특성이기보다는 외부적으로 구성되는 규칙적이고 지배적인 담론의 효과이거나 반복 과정이기 때문에 수행적이다.* 나의 사랑은 나의 것이 아니라, 사회적으로 유통되고 역사적으로 만들어진 개념에 의해 만들어지는 효과라는 것이다. 1910년대 탄생한 꼬마 신랑과 꼬마 신부, 1920년대 자유연애를 구가하다 현해탄에 몸을 던진 동경 유학생 커플들은 당대

* 주디스 버틀러, 《젠더 트러블》, 조현준 옮김, 문학동네, 2008 참조.

가 만들어낸 사랑의 개념을 온몸으로 수행했다는 뜻이다. 또한 요즘 유행하는 '비혼非婚' 역시 21세기적 결혼 관념을 대변하는 용어이다. 그렇다면 수행되는 사랑 안에서 나의 사랑을 어떻게 만들어나갈 것인가를 실천적으로 고민하는 것이 사랑의 주체가 할 일이다.

　　위험 사회에서 사랑이 종교가 될 만큼 강력한 에너지를 가지고 있다면, 이제 문제는 나의 사랑을 어떻게 만들어갈 것인가에 있다. 위험 사회와 사랑의 역설은 새로운 사랑의 지식을 만들어낼 것을 요청한다. 바야흐로 도래한 신 연애 시대에 우리는 어떤 사랑을 해야 할까? 사랑을 종교처럼 절대시한다면 사랑은 이념이 된다. 이념이 된 사랑은 이데올로기가 될 것이다. 그렇게 될 때 우리는 특정 시대가 요구하는 사랑을 제도적으로 수행하기만 하는 기능적 주체가 될 것이 뻔하다. 사랑이 이념이 될 때, 연인들은 로미오와 줄리엣처럼 사랑에 목숨 걸고, 트리스탄과 이졸데처럼 변하지 않는 영원한 사랑에 정박당해 지상에서 사랑을 완성하지 못하며, 식민지 시대 신여성들처럼 선구적인 사랑을 실천하다가 사회적 처벌을 받을 것이다. 나는 이러한 사랑의 개념을 비판적으로 검토하고자 한다. 위험 사회가 사랑을 강조하는 것은 사랑을 종교적 은신처로 삼으라는 말이 아니다. 사랑은 행복한 삶을 위한 기술이지 이념이나 성서가 아니기 때문이다.

죽어도 좋아

황순원의 소설 《소나기》가 여전히 한국문학사에서 고전의 지위를 획득할 수 있는 것은 첫사랑에 대한 환상 때문이다. 첫사랑은 모든 인간이 겪는 통과제의 같은 것이며, 불완전성에 대한 채울 수 없는 욕망을 남긴다. 덜 익은 살구를 먹었던 기억처럼 말이다. 처음 살구 한 입 베어 물었던 기억은 혀 안 가득 고이는 침으로 분명하게 남아 있다. 첫사랑의 기억을 입 안 가득 침으로 고이게 만드는 물리적 작용이 《소나기》를 한국문학사의 고전으로 만들었다. 갈밭 사이로 단발머리를 나풀거리며 뛰어가는 소녀의 하얀 목덜미, 왜 바보라 하는지 알 수 없지만 아찔하게 자극적인 말들, 소년의 호주머니 안쪽 어둠 속에서 손바닥의 온기로 따뜻하게 데워졌을 돌멩이, 소나기 내리는 수숫단 안쪽에서 훅 끼쳤을 몸 냄새, 소년의 등에 업혀서 느꼈을 최초의 성적 감각, 무덤에 영원히 봉인된 첫사랑의 기억들. 한국전쟁이 끝나지 않은 1953년에 발표된 이 소설은 60여 년이 지나도록 국어 교과서에 수록되어 국민적 서사로 각인되어왔다. 첫사랑의 문법으로 말이다. 소년 소녀 시절의 순수함, 감춰진 섹슈얼리티, 영원한 사랑의 기억, 죽음으로 봉인된 불가능한 순수한 사랑은 한국인에게 코드화되어 국민적 감수성이 되었다. 국민 첫사랑 수지 이전에 윤 초시네 손녀딸이 있었던 것이다. 첫사랑은 윤 초시네 손녀딸처럼 잔망스럽지만 순수해야 하고, 주인공 소년처럼 부끄러워하면서도 행동적이어야 한다. 최근 현실 속의 소년 소녀들이 이처럼 순수한 사랑을 하지 않자 몇몇 어른들은 이들의 사랑을 잘못되었다고 비난한다. 어른들의 첫사랑에 대한 환상이 사회적으로 사랑의 기준점으로 제시되고, 그에 부합하지 않는 연애는 비난받는다. 환상의 힘은 무섭도록 강력하다.

분명한 것은 우리의 사랑은 소년 소녀 시절에 시작된다는 것이다. 《소나기》의 인물들처럼 말이다. 최근 사랑의 주인공들의 나이는 더 어려지고 있다. 위기철의 소설 《아홉 살 인생》을 보라. 인생은 아홉 살부터 시작된다고 믿는 소년 백여민은 서울에서 전학 온 도도하고 새침한 소녀 장우림에게 편지를 보낸다. 백여민은 장우림을 좋아하지만 절대로 이름을 밝힐 수 없다고 쓴다. 마음속으로는 너를 생각하고 또 생각하지만, 언젠가는 이름을 밝히겠지만 지금은 아니라고 한다. 그런데 장우림이 담임에게 이 편지를 제출하자 담임선생님은 여민에게 편지를 낭독하게 한다. 그때 남몰래 배신의 눈물을 머금는 소녀가 있었으니, 언제나 여민 편을 들어주던 오금복. 사랑의 삼각관계는 아홉 살 인생을 더 복잡하게 만든다. 우정과 사랑 사이에서 어떻게 해야 한단 말인가? 인생의 깊은 의미를 길어 올리려면 사랑의 감정, 질투, 용기, 배려, 놀림, 이별의 물살을 헤쳐 가야

영화 〈아홉 살 인생〉(2004) 중에서

사랑과 함께 비로소 시작되는 '인생'

사랑의 삼각관계는 아홉 살 인생을 복잡하게 만든다. 우정과 사랑 사이에서 어떻게 해야 한단 말인가? 아홉 살 여민은 사랑의 감정, 질투, 용기, 배려, 놀림, 이별의 물살을 헤쳐 나간다. 사랑은 아홉 살 아이들을 성장시킨다.

한다. 아홉 살 인생 여민은 그렇게 인생을 알아간다.

　　한동안 사랑은 청춘들의 전유물이었다. 한국문학사에서도 사랑의 주체는 청춘들이 점령했다고 해도 과언이 아니다. 최초라는 닉네임이 붙은 작품들을 보면 더 잘 드러난다. 최초의 근대시 최남선의 〈해에게서 소년에게〉의 시적 화자는 소년이다. 물론 이때의 소년은 주민등록이 안 되어 법적 주체가 되지 못하는 십 대 소년을 말하는 것은 아니다. 당시 소년은 젊은 층을 두루 아우르는 말이었기 때문이다. 나라 바깥으로 열린 바다海의 기상을 가진 자는 중·장년층이 아니라 청년·소년들이었다. '처얼썩 처얼썩 척 우르릉 꽉' 하며 몰아치는 바다의 기상으로 근대국가를 열어나갈 주체는 이른바 소년들이었다. 또한 최초의 근대적 장편소설 이광수의 《무정》 역시 주인공들은 사랑과 결혼, 개인적 꿈과 국가 만들기 사이에서 갈등하는 청춘 남녀들이다. 감각적 설렘으로서의 사랑과 약속으로서의 사랑 사이에서 갈등하는 영어 교사 형식, 미국 유학을 준비하며 신세대 여성으로 성장하는 김 장로의 딸 선형, 어린 시절 형식과 정혼한 사이로 겁탈과 자살, 유학을 경험하는 파란만장한 구세대 처녀 영채가 주인공이다. 《무정》의 주인공들은 형식이라는 남성을 사이에 두고 신세대 여성 선형과 구세대 여성 영채가 벌이는 삼각관계 구도로 배치되어 있다. 최초의 근대 장편소설의 원동력이 청춘들의 사랑

이야기이며, 그것도 삼각관계 구도라는 점은 흥미롭다. 소설의 도입부는 형식이 미국 유학을 준비하는 선형에게 영어를 가르치기 위해 김 장로의 집으로 가면서 느끼는 설렘, 수줍음, 성적 기대감 같은 것이다. 그리고 이광수는 형식의 눈을 통해 젊은 처녀 선형을 다음과 같이 묘사한다.

고개를 숙였으매 눈은 보이지 아니하나 난 대로 내버린 검은 눈썹이 하얗고 널찍한 이마에 뚜렷이 춘산春山을 그리고, 기름도 아니 바른 까만 머리는 언제나 빗었는가 흐트러진 두어 오리가 불그레한 복숭아꽃 같은 두 뺨을 가리어 바람이 부는 대로 하느적하느적 꼭 다문 입술을 때리고, 깃 좁은 가는 모시 적삼으로 혈색 좋은 고운 살이 몽롱하게 비치며 무릎 위에 걸어놓은 두 손은 옥으로 깎은 듯 불빛에 대면 투명할 듯하다.

고전적인 어투로 묘사된 선형의 몸은 매력적이다. 특히 모시 적삼 사이로 살짝 비치는 "혈색 좋은 고운 살"은 육체성을 두드러지게 한다. 형식은 곧 선형에게 "가슴속에 이상한 불길이 일어"남을 느끼고, 이것은 곧 "남녀가 가까이 접할 때에 마치 음전과 양전이 가까워지기가 무섭게 서로 감응하여 불꽃을 날리는 것"과 같은 것으로 표현한다. 지식인답게 과학적 상상력을 동원함으로써 사랑의 불길이 육체적이고 물리화학적인 작용임을 강조한다. 이광수의 《무정》은 이처럼 청춘 남녀의 섹슈얼리티와 사랑이라는 구도 속에서 근대국가와 '국민되기'라는 이념을 주입하였다.

근대문학의 형성기에 문학의 주체들이 청춘들이었던 것처럼 한동안 사랑의 전담자들은 젊은 청춘 남녀의 것이라고 여겨졌다. 그러나 사랑의 주체는 어린아이부터 노년에 이르기까지 폭넓다. 특히 박범신의 《은교》는 노년기의 사랑이 청춘의 그것과 구조적으로 다를 바 없음을 미학적으로 증명하였다. 소설가 박완서는 늙었다는 이유로 아무 일도 일어날 수 없다고 여긴다면 그건 삶에 대한 모독이라고 일갈하였다. 누구나 사랑의 주체가 될 수 있다는 점에서 사랑은 평등하다. 사랑은 특정 세대의 전유물이 아니다. 아홉 살부터 노년에 이르기까지 누구나 사랑의 주인공이 될 수 있다는 것은 상식이 되었다.

영화 〈죽어도 좋아〉(2002)는 노년의 사랑이 품위나 점잖음이 아니라, 쾌락과 섹슈얼리티를 중심으로 하고 있음을 솔직하게 보여준다. 영화에서 두 노년 커플이 성행위를 하면서 "에, 나 죽겠네, 너무하네, 너무하네"라는 오르가즘을 표현하는 에로틱한 대사는 노년의 사랑이 가닿을 수 있는 최대치이다. 일반적으로 노년의 성 담론은 건강 증진과 관련된다. 성행위를 많이 하면 전립선 염증이 예방되며, 노화·치매·건망증 예방에 효과적이고, 골다공증 치료에 좋다고 의학계와 복지계는 이구동성으로 말한다. 그러나 노년의 사랑은 감정 교환, 인정과 배려, 그리고 성적인 욕망이 복합적으로 구조화된 것이다. 노년 커플의 문제는 건강이나 감정 표현 욕구가 아니라, '사랑' 그 자체이다. 음지의 성을 스포츠 센터에서처럼 툭 터놓으라고 사회는 요구하지만, 사랑과 성은 솔직할 수는 있어도 투명하기는 어렵다. 누가 자기의 성적 욕망을 투명하게 전시한단 말인가? 그것은 포르노이지 사랑으로서의 성은 아니지 않은가?

보통 노년의 섹슈얼리티는 '징그럽다', '민망하다', '거북하다' 등의 반응을 불러일으킨다. 이는 성관계나 섹슈얼리티를 젊은이들의 것으로 독점하려는 사회적 불평등의 표현이다. 그것은 노인들로부터 성, 젠더, 욕망, 육체성과 같은 인간의 기본적 조건들을 차단하는 행위이며, 노인을 인간의 범주에서 배제하는 폭력적 관점이다. 노인은 무성적 존재가 아니다. 최근 연구는 노년 배우자 간의 사랑과 책임감의 정도가 축소될 것이라는 통념과는 달리, 다른 연령층 커플과 특징적인 차이가 없다고 보고하고 있다.[*] 노화 중 가장 늦게까지 남는 것이 '성욕'이며, 노인 인구의 68퍼센트가 성생활을 한다고 한다. 우리 사회는 노인에게

[*]   이혜자·김윤정, 「부부 관계(사랑과 성)가 노년기 삶의 질에 미치는 영향」, 《한국노년학》 제24권 제4호, 한국노년학회, 2004.

사랑을 절대적으로 '허許'해야 한다.

영화 〈45년 후〉(2015)는 노년 커플의 질투, 기억, 섹슈얼리티, 솔직함, 신뢰, 그리고 열정적 사랑과 지속적 사랑의 문제를 제기한다. 기존에 오래된 커플들의 사랑을 건강 증진이나 가족제도 안에서 편협하게 다루었다면, 이 영화는 노년 커플의 관계 그 자체에 집중한다. 결혼 45주년 기념 파티를 앞두고 있는 부부 케이트와 제프에게 어느 날 한 통의 편지가 도착한다. 50여 년 전 알프스 암벽 틈에 빠진 여성의 시신을 찾았다는 내용이다. 제프의 첫사랑 카티야였다. 남편 제프는 들뜬 표정으로 "나의 카티야를 찾았대"라고 말하며, 그녀의 사진을 찾아내 다락방에서 밤을 새우기조차 한다. 심지어는 오랜 지병에도 불구하고 그녀의 시신을 만나기 위해 알프스행을 기획하기조차 한다. 아내 케이트는 죽은 그녀에게 빠져버린 남편에 대한 질투의 감정을 냉각하며 45주년 기념 파티를 준비한다. 결국 그녀는 "괜찮다고 했지만, 사실 그렇지 않아"라고 불편한 자기감정을 토로하고 만다. 파티는 무사히 진행되지만, 케이트가 잡았던 남편의 손을 차갑게 뿌리치는 것으로 영화는 끝난다.

이 영화는 남편의 첫사랑의 기억이 이 커플에 균열을 가했다는 일반적 평가와는 달리, 결혼 제도 안에서 사랑을 지속할 수 있을까, 가능하다면 어떻게 지속할 수 있는지를 묻는 영화이다. 첫사랑에 대한 남편의 기억을 아내는 어

영화 〈45년 후〉 중에서

사랑의 문제는 노년에도 변하지 않는다

아내는 사랑을 융합이라고 생각했고, 남편은 사랑을 자율적 관계라고 여겼다. 이 노년 커플은 서로 다른 사랑의 개념 때문에 평생 불화했을 것이다. 노년이 되었다고 해서 사랑의 문제는 쉽게 해결되지 않는다.

떻게 받아들일 것인가? 그 기억이 결혼 이전 남편만의 사건이었다면, 아내는 어디까지 개입할 수 있는가? 사랑의 관계 안에서 커플은 완벽하게 융합적일 수 있는가? 그것은 가능한가, 불가능한가? 이들의 균열은 남편이 첫사랑을 추억해서도, 그 추억을 아내에게 솔직하게 털어놓지 않아서 생긴 것도 아니다. 이들이 사랑의 개념을 달리 이해했기 때문이다. 아내는 사랑을 완벽한 융합이라고 생각했고, 남편은 사랑을 자율적 관계 맺음이라고 여겼다. 이 노년 커플은 아마 이 사건 이전에도 불화했을 것이고, 불화의 원인도 아마 같았을 것이다. 이들은 일상을 나누고, 성관계를 갖고, 갈등을 일으키고, 극복할 수 없는 차이를 절감하며 함께 살아왔다. 노년이 되었다고 해서 사랑의 문제역시 변하지 않는다. 노년의 섹슈얼리티는 건강 증진이라는 일차원적 목적이 아니라, 관계의 즐거움이라는 관점에서 볼 필요가 있다. 또한 노년의 사랑은 외로움을 달래줄 말동무가 필요하다는 실용적 목적 때문이 아니라, 둘의 무대에서 함께 노닐어야 할 사랑의 권리로 이해해야 한다.

　　이제 현대사회는 바야흐로 신 연애 시대가 되어가고 있다. 위험과 재난이 일상화되면서 사랑은 종교적인 위력을 가지게 되었으며, 어린아이부터 노년에 이르기까지 사랑의 권리를 평등하게 배분받고 있기 때문이다. 이후로도 사랑은 더욱 중요한 사회적 문제로 쟁점화될 것이다.

사랑은 왜 어려운가?

사랑은 어렵다. 누구나 쉽게 사랑에 빠지고 흔하게 사랑을 하지만, 사랑의 과정은 만만치가 않다. 아무리 합리적인 사람이라도 젊은 시절 사랑 때문에 울어보지 않은 사람은 없을 것이다. 사랑은 황홀하지만 고통스럽고, 아름답지만 갈등과 상처를 남긴다. 사랑의 과정은 복잡하고 모호하며 예측 불가하다. 사랑은 왜 어려울까? 그 어려움의 측면을 검토하지 않으면 사랑을 제대로 해내기가 어렵다. 사랑의 자연적 충동, 쾌락적 즐거움, 윤리적 가치라는 긍정적 관점으로 이해하는 것만으로 사랑의 문제를 해결하기 어렵다. 사랑은 구조적으로 어려운 특성을 가지고 있는 것으로 보이며, 자본주의는 사랑을 결혼 시장과 결부시켜 더욱 어렵게 만들어간다. 사랑에 내재하는 역설적 양가성이나 본질적 모호성, 그리고 사랑을 더욱 어렵게 만드는 사회적 구성 원리를 이해하지 않고는 사랑이 무엇인지 제대로 알 수 없다.

사랑의 역설적 구조

바람의 신부

　오스트리아의 표현주의 화가 오스카 코코슈카의 그림 〈바람의 신부〉는 사랑의 역설적 구조를 잘 보여준다. 코코슈카는 19세기 프로이트의 무의식과 비합리성으로서의 감정을 화폭에 담아낸 '빈 모더니즘'을 대표하는 화가이다. 19세기 말 오스트리아 빈을 중심으로 한 일련의 모더니스트 화가들은 인간의 비합리적인 심리적 경향에 주목하였다. 이들은 빛에 따라 달라지는 풍경의 외면을 강조했던 인상파나 합리주의 철학에 저항하면서, 프로이트의 심리학과 다윈의 진화론적 생물학을 참조하여 인간의 다원적인 내면을 탐색했다. '빈 분리파'로 불리는 코코슈카 등은 성과 사랑에 특별한 관심을 두었다. 빈 분리파의 창시자 구스타프 클림트는 성적 관능을 생식세포의 상징적 도상으로, 에곤 쉴레는 노골적인 성과 권태를 동시에, 코코슈카는 사랑의 황홀과 절망, 기쁨과 고통이라는 양가적 구조를 격렬한 터치로 표현하였다.[*] 코코슈카의 그림 〈바람의 신부〉를 꼼꼼히 들여다보자.

[*] 에릭 캔델은 저서 《통찰의 시대》에서 구스타프 클림트의 〈아델레 블로흐바우어I〉을 현대생물학을 통합한 예술적 상상력으로 해석한다. 클림트는 다윈의 책을 열심히 읽었고, 모든 생물의 기본 구성 단위인 세포의 구조에 매료되었다. 아델레의 옷에 그려진 작은 도상학적 이미지들은 아르누보 시대의 단순한 장식이 아니라 남성과 여성의 생식세포를 뜻하는 상징으로서, 직사각형 정자와 타원형 난자로 표현한 것이다. 생물학에 영감을 받은 이 번식력의 상징들은 모델의 유혹적인 얼굴을 그녀의 번식 능력과 연결 짓기 위해 고안한 것이다. 또한 에곤 실레는 히스테리 환자들처럼 고통스럽게 뒤틀린 몸과 불안한 감정을 폭넓게 표현했다.

연인은 폭풍우 치는 바다 한가운데 함께 누워 있다. 하얀 포말을 일으키며 부서지듯 밀려오는 검푸른 파도가 연인을 감싸 안고 있다. 거센 파도가 마치 아늑한 침대와 하얀 이불보처럼 이들의 벗은 몸을 덮어주고 있다. 이불 아래 드러난 몸은 이들의 격렬한 사랑을 흔적으로 남겨놓는다. 지금 막 사랑의 행위를 끝내고 여자는 편안하게 잠들어 있고, 남자는 밤하늘 어딘가를 응시하며 불안감에 빠져 있다. 여자는 한쪽 팔을 자기 어깨에 올린 채 스스로를 보호하는 듯 보이며, 남자는 자기 두 손을 억세게 마주 잡고 있다. 이들의 사랑은 격렬하지만 연약하고, 육체를 부딪치며 함께 있으면서도 자기를 보존하며, 아늑한 침대 속에 있지만 파도 위에 있고, 서로의 온기로 따뜻할 테지만 바닷물의 축축함이 온몸으로 밀려든다. 도대체 이들은 누구인가? 코코슈카는 이 그림을 ⟨폭풍우The Tempest⟩라고 명명하고 '바람의 신부'라는 부제를 달았다.

그림의 주인공은 코코슈카 자신과 코코슈카가 사랑했던 알마 쉰들러다. 이 그림에는 세기의 연애 스캔들이 숨어 있다. 알마는 음악과 그림에 재능이 뛰어날 뿐 아니라, 빈 모더니즘 시대의 유명한 남성 예술가들에게 구애를 받았던 젊은 여성이었다. 이 여성의 첫 키스 상대는 그 유명한 화가 클림트였고, 첫 결혼 상대자는 작곡가 구스타프 말러였다. 클림트의 그림 ⟨키스⟩의 모델이 알마라는 설이

오스카 코코슈카, 〈바람의 신부〉(1914)

열정의 진폭만큼 위태로운 사랑의 본성

오스카 코코슈카의 그림 〈바람의 신부〉는 사랑의 역설적 구조를 보여준다. 사랑의 기쁨과 고통, 오르가슴 후에 밀려오는 허무감, 더 사랑하는 자와 덜 사랑하는 자의 비대칭성, 사랑의 맹세와 미래의 불확실성이 동시에 표현되어 있다.

있을 정도다. 41세의 노총각 구스타프 말러와 결혼할 당시 알마는 22세였다. 말러는 결혼 이후 알마의 뛰어난 재능과 활기찬 젊음, 섹시함과 자유로움을 집 안에 가두었다. '스위트 홈'이라는 아늑한 감옥에서 두 딸을 낳아 기르던 알마에게 말러는 자신의 마지막 미완성 교향곡을 작곡하면서 "너를 위해 살고 너를 위해 죽는다! 알므시Almschi(알마의 애칭)"라는 메모를 남겼지만, 말러의 사랑은 일방통행이었던 듯하다. 말러가 병들어 죽자 알마는 코코슈카와 사랑에 빠진다. 사랑을 했다기보다 '빠졌다'라고 표현하는 것이 옳을 것이다. 이들에게 사랑은 지속으로서의 사랑이 아니라 격렬함, 솟구침, 열정적 고뇌, 상대를 위한 희생이거나 정복으로서의 사랑이었다. 지속성으로서의 사랑, 삶의 진리를 구축하는 사랑, 차이를 상호 인정하는 근원적 관계에 토대를 두지 않았기 때문이다. 19세기 말 빈 모더니즘 시대 여러 연인을 두었고 작곡을 했던 알마에게 '팜 파탈'이라는 닉네임이 붙었다. 재능 있는 여성이 남성 예술가들의 뮤즈가 되고 동시에 팜 파탈이라는 비난을 받은 경우는 무수히 많다. 당시 여성들은 스스로 예술가가 되지 못하고 남성 예술가에게 영감이나 제공하는 뮤즈에 그쳤던 것이다. 예술계의 가부장적 규범이 여성의 재능을 부차적인 것으로 만들고, 자유로운 성적 감각을 악녀 이미지로 전환시켰다고 보아야 할 것이다. 알마 역시 유럽 남성 예술가들에 의해 천사(뮤즈) 혹은 악녀(팜 파탈)의 이미지를 부여받았다.

　코코슈카는 처음 이 그림을 바그너의 오페라 제목을 본 따 '트리스탄과 이졸데'로 지으려고 했다고 한다. 트리스탄과 이졸데 이야기는 하녀의 실수로 사랑의 묘약을 먹은 트리스탄과 이졸데가 운명적 사랑에 빠지지만 결국 죽음을 통해서 사랑을 완성할 수 있었다는 켈트족 전설인데, 중세를 거치면서 유럽 연애문학의 전형이 되었다. 이 이야기는 '단둘이서, 영원히'라는 불가능한 사랑을 이념화한 낭만적 사랑의 원형을 제공한다. 공교롭게도 로헬리오가 그린 〈트리스탄과 이졸데〉의 구도와 코코슈카의 〈바람의 신부〉 구도는 유사하다. 로헬리오의 그림은 먼저 죽은 트리스탄의 시신 위에 이졸데가 쓰러져 있는 구도다. 대지 위에 쓰러진 트리스탄의 몸 위로 반라 상태의 이졸데가 비스듬히 누워 있는데, 서로 손을 꼭 잡고 사랑스런 표정으로 잠자듯이 몸을 겹친 채 누워 있어서 풀밭 위 두 육체가 마치 조금 전 섹스를 끝내고 달콤한 잠에 빠진 것처럼 봄의 생기로 가득하다.

　코코슈카가 그린 〈바람의 신부〉의 인물 구도도 그와 유사하다. 그러나 코코슈카 자신이기도 한 남자의 얼굴은 깊은 고뇌에 빠져 두 눈은 퀭하니 꺼져 있고, 사랑하는 연인을 바라보는 대신 어두운 밤하늘을 응시하고 있다. 반면 연인 알마는 두 눈을 감고 살포시 잠에 빠져 있다. 그리고 서로의 손을 잡지 않았다. 트리스탄과 이졸데는 초록풀이 돋아난 화사하고 포근한 대지 위에 누워 있지만, 코코슈카의 연인들은 폭풍우 치는 바다 위에 있다. 트리스탄은 죽음을 통해 사랑을 완성한 경지를 보여주지만, 코코슈카는 지상에서 사랑을 완성하지 못한 채 살아남은 자의 고통을 전면화한다. 트리스탄과 이졸데는 죽었지만 사랑의 유토피아를 실현하였고, 코코슈카와 알마는 살아 있지만 디스토피아적 상황에 처해 있다.

코코슈카는 자유분방하고 굵은 붓 터치로 폭풍우 치는 바다를 강렬하게 묘사하고 있다. 인간의 무의식을 밝혀내는 데 프로이트와 쌍벽을 이뤘다고 자화자찬했던 코코슈카는 인간의 비합리적 내면을 탐구했다. 그는 아름다움, 합리적 외면성을 비판하면서 인간의 성, 무의식, 어두운 감정에 관심을 두었다. 따라서 코코슈카의 〈바람의 신부〉는 인간 몸의 아름다운 비율이나 시각적 묘사, 빛에 따라 변화하는 외부 세계의 리얼리티를 무시하고, 인간의 내면인 사랑의 이중성과 감정적 역설을 표현하는 데 집중하였다. 인물의 얼굴 표정과 손동작을 유독 강조하면서 내면의 감정을 끌어 올린다.[*] 코코슈카는 의료에 쓰이는 엑스선이 피부 표면을 뚫고 들어가 뼈대를 볼 수 있게 해준다는 것을 알고 몹시 놀라워했다고 한다. 그의 그림에 자주 나타나는 굵은 선은 인간의 외면이 아니라, 엑스선처럼 내면을 투시하는 것 같기도 하다. 굵은 선을 통해 바다와 인물에 포커스를 맞추고 있지만, 그림을 자세히 보면 선은 연속적이지 않다. 뚝뚝 끊어진 불연속적 선들이 끊어질 듯 끊어지지 않은 채 폭풍우 치는 바다 위의 연인을 그려낸다. 강렬하지만 고통스러운 사랑의 열정적 감정, 오르가즘 후에 밀려오는 알 수 없는 허무감, 사랑의 연대감과 관계의 휘발성을 동시에 표현하고 있다.

알마 인형과 함께 있는 자화상

코코슈카는 19세기 유럽의 수도 빈에서 재능 있고 매력적이며 인기 있는 알마를 옆에 두었지만, 알마가 자기 곁에 오래 머물 수 없는 사람임을 알고 있었다. 코코슈카는 알마에게 집착했고, 알마는 전남편 말러처럼 자신에게 얽혀드는 코코슈카에게서 평화를 느낄 수 없었다. 알마가 유산을 하고 코코슈카가 말러의 데스마스크를 부수면서 둘의 관계는 끝장난다. 코코슈카가 알마에게 얼마나 집착

---

*   코코슈카는 손에 현대적 해석을 부여한다. 손은 인물의 심리적 상태, 무의식적 성욕과 공격적 충동을 표현한다. 또한 손은 사회적 의사소통과 상호작용의 수단으로 삼기도 했다.(에릭 캔델,《통찰의 시대》, 이한음 옮김, 알에이치코리아, 2014 참조)

했는지는 그의 그림 〈인형과 함께 있는 자화상〉을 보면 알수 있다. 코코슈카는 알마를 닮은 사람 크기의 인형을 주문 제작하여 그 인형과 함께 생활했다. 그는 인형을 돌볼 하녀를 따로 고용하여 드레스를 입히고, 침대에서 같이 자며, 심지어 마차에 태워 오페라 극장에 갔다. 잃어버린 연인에 대한 애도를 그는 병적으로 겪어냈던 것이다. 그것은 알마에 대한 사랑이었을까? 완전한 사랑에 대한 사랑이었을까? 자기애였을까? 아니면 표현주의라는 예술적 상황을 극적으로 연출한 것일까? 어쩌면 코코슈카는 지상에서 사랑을 완성하지 못한 죽기 직전의 트리스탄의 내면을 그렸는지도 모른다. 혹은 트리스탄과 이졸데처럼 죽음을 넘어서는 영원한 사랑을 알마와는 함께하지 못할 것이라는 불행한 미래를 점쳤을지 모른다. 트리스탄과 이졸데의 사랑을 꿈꾸었으나, 영원한 사랑에 이르지 못하는 자의 역설적 상황을 이 그림은 구조적으로 보여주고 있다.

코코슈카의 비극은 트리스탄과 이졸데의 사랑을 완전한 사랑으로 인식한 데서 기인한 것 같다. 사랑은 일상과 삶 속에서 변화하고 상호 인정하는 둘의 무대라는 사실을 그는 사유하지 못했다. 그에게 완전한 사랑이란 두 사람의 열정이 변하지 않고 영원해야 한다는 이념적인 것에 가까웠다. 그것이 가능하지 않을 것이라는 염려는 현재의 사랑을 불행하게 만든다. 사랑하는 알마가 지금 자기 옆에

오스카 코코슈카, 《인형과 함께 있는 자화상》(1921)

연인은 떠났지만 사랑은 영원히 남았다

코코슈카는 떠나간 연인 알마를 닮은 인형을 제작하여 함께 생활했다. 인형을 돌볼 하녀를 고용하여 드레스를 입히고, 침대에서 같이 자며, 마차에 태워 오페라 극장에까지 함께 가기도 했다. 코코슈카의 비극은 변하지 않는 영원한 사랑이라는 이념적 사랑 때문이다.

있음에도 불구하고, 코코슈카는 깊은 절망과 불행을 느낄 수밖에 없는 것이다.

사랑에 빠진 자들이 갖는 역설적 상황은 코코슈카가 표현한 사랑의 이중 구조와 유사하다. 사랑에 막 빠진 커플들을 상상해보자. 그가 나를 진정으로 사랑하는지 아니면 잠깐 유희의 대상으로 삼으려는 건지, 이 사랑이 지속될지 아니면 곧 끝날지, 결혼을 해야 하는지 연애로 끝내야 하는지, 상대가 준 선물의 의미와 지금 한 이 키스가 어떤 의미인지 도무지 알 수 없다. 사랑의 감정은 그 의미를 확정 짓지 못하고 모호하게 머물다 사라진다. 심지어 자신의 감정 역시 변화무쌍하다. 아침에는 상대를 그리워하다가 그가 보낸 메시지를 보는 순간 절망에 빠져 헤어지겠다고 마음먹는다. 그러다 오후에 그와 공원을 걸을 때는 귓가에 사랑의 종이 울려 퍼지고 그와 함께하는 시간이 행복하다고 느낀다. 그리고 헤어지기 몇 분 전 분명치 않은 이유로 티격태격 싸우다가 막상 집으로 돌아갈 때는 미치도록 서로를 아쉬워한다. 도대체 이 일관성 없는 자기감정과 변화무쌍하게 변하는 상대의 행동을 어떻게 이해해야 할까? 사랑에 빠진 자들은 근본적으로 불안정하다. 자기감정도 확정 짓지 못하는데, 타자인 상대방이 어떤 상태인지 가늠하기는 더욱 어렵다.

사랑에 빠져 열정적 상태에 있는 커플들의 내면은 코

코슈카의 그림처럼 폭풍우 치는 바다와 같다. 연인들은 불안정한 감정 상태를 벗어나 안정감을 찾기를 희구하면서도 안정적 관계가 되면 곧 권태감을 느낀다. 자기 보존을 위해 강한 주장을 하면서도 상대를 위한 희생의 욕구를 동시에 느끼기도 하고, 상대 때문에 자기를 보존하기 어려울 땐 심각한 구속감을 느낀다. 때로 둘의 관계가 감옥처럼 느껴져 감옥 바깥의 자유를 원하면서도, 상대방이 강력하게 자기를 묶어주기를 동시에 바란다. 사랑이 경쟁 사회와 위험 사회로부터 나를 구원해줄 유토피아이기를 바라지만, 그것이 현실 속에서 완벽하게 실현될 수 없음을 느끼면서 절망에 빠지거나 냉소적이 되기도 한다. 안정감과 불안정성, 구속과 자유, 희생과 자기 보존, 만남과 이별, 쾌락의 순간성과 지속적 연대감, 유토피아와 디스토피아, 부드러움과 폭력, 더 사랑하는 자와 덜 사랑하는 자의 비대칭성, 사랑의 맹세와 미래의 불확실성, 사랑의 의지와 감정의 변화라는 역설들. 이처럼 사랑은 상반된 것들이 공존하는 역설적 방식으로 구조화되어 있다. 사랑은, 특히 초기의 사랑은 해소할 수 없는 긴장감과 충돌의 에너지를 먹고 팽창한다.

그렇다면 사랑이 어려운 것은 어쩌면 자연스러운 일이다. 이중적인 것이 공존하는 역설 구조로 작동하기 때문이다. 특히 초기 사랑에 이 역설과 모순은 더 두드러지게 나타난다. 사랑이 잘되지 않을 때 스스로 자책감을 갖거나 상대를 비난할 필요가 없다. 사랑의 주체들은 사랑의 역설적 구조를 이해하고 성찰하면서 사랑이 작동하는 법을 찾아내야 한다. 사랑이 자연 발생적일 수는 있지만, 봄에 꽃이 피고 여름에 새가 울고 가을에 낙엽이 지고 겨울에 흰 눈이 내리듯이 자동적으로 전개되지 않는다. 사랑의 속성이 역설적이고 이중적이기 때문이며, 사랑은 근본적으로 이질적인 '타자'와의 연대이기 때문이다. 그럼에도 사랑의 역설에 걸려 넘어질 수는 없지 않겠는가? 사랑의 역설을 폐쇄적으로 가둘 것이 아니라, 역동적 삶의 에너지로 전환하여 사랑이 삶 속에서 생동하고 성장할 수 있도록 북돋워야 할 것이다.

화성에서 온 남자, 금성에서 온 여자라구?

화성 남자 금성 여자

사랑을 어렵게 만드는 원인 중 하나는 사람을 고정적인 여성과 남성으로 구분하는 생물학적 인식 구도이다. 과학 담론과 결탁한 이러한 인식은 합리적인 것 같지만, 논리적 토대는 빈약하기 그지없다. 화성에서 온 남자, 금성에서 온 여자라는 방식이 대표적인 예이다. 연인을 화성 남자나 금성 여자로 구분하는 방식은 첫째 남녀 간의 사랑, 즉 이성애주의를 특권화한다는 점, 둘째 생물학적 구분을 절대시한다는 점, 셋째 고정화된 남성성과 여성성을 재현하거나 고착화한다는 점에서 위험하다. 이러한 구분법에 의한 실용적인 연애 지침서는 현실에서 사랑을 잘할 수 있도록 구체적인 팁을 제시해주는 것 같지만, 실제로는 사랑을 더 어렵게 만들 뿐 아니라 궁극적으로 사랑의 관계를 망친다.

존 그레이의 《화성에서 온 남자 금성에서 온 여자》는 서로 다른 별에서 살던 여자와 남자가 사랑에 빠져 만나게 된다는 상상에서 시작된다. 아주 먼 옛날 망원경으로 천체를 관측하던 화성인들이 금성인들을 발견했다. 사랑에 빠진 그들은 우주선을 만들어 금성으로 날아갔다. 금성인들은 화성인들을 진심으로 환영했다. 그들은 무엇이든 함께했고 마음을 나누며 행복을 느끼고 조화롭게 살았다. 왜냐하면 그들은 서로의 차이를 즐겼기 때문이다. 그런데 이들은 웬일인지 지구로 옮겨 가기로 한다. 이때부터 문제가 생긴다. 지구로 이주하면서 선택적 기억 상실증에 걸려 자신들이 서로 다른 별 화성과 금성에서 왔다는 사실을 잊어버린다. 서로의 차이에 대한 기억이 지워지면서 그들은 충돌하기 시작하고, 사랑에 문제가 생기게 되었다는 것이다.

존 그레이가 이 이야기를 만든 목표는 분명하다. 남녀가 서로의 차이를 인정하고 서로를 존중할 때 사랑이 가능하다는 것. 차이-인정-존중-사랑이라는 키워드에는 동의하지만, 존 그레이가 말하는 차이, 인정, 존중, 사랑의 개념 내용에 대해서는 동의하기 어렵다. 가령 화성 남자와 금성 여자의 차이는 이렇다.

화성인: 목적을 이루는 능력을 통해 자기 존재를 확인한다. 상대의 말을 듣지 않고 해결책을 제시한다. 화성의 언어를 사용한다. 굵직한 애정 표현을 중시한다. 기분전환을 위해 동굴에 들어간다.

금성인: 목표 지향적이라기보다 관계 지향적이어서 대화나 관계맺음을 통해 자신에 대한 만족을 느낀다. 상대가 청하지도 않은 조언을 한다. 금성의 언어를 사용한다. 자잘한 애정 표현에 감동한다. 기분 전환을 위해 대화를 한다.

존 그레이는 남녀 간의 근본적 차이 때문에 서로를 이해하기 어렵다고 진단한다. 톰과 메리는 파티에 가는 중이다. 톰이 운전을 하고 있었는데 길을 잘못 찾자 메리가 도움을 요청하는 게 어떻겠느냐고 제의했다. 톰은 그때부터 아무 말도 하지 않고, 저녁 내내 둘 사이에는 팽팽한 긴장감이 돌았다. 메리는 왜 그가 기분이 나빠졌는지 도무지 알 길이 없다. 존 그레이는 메리가 화성인들의 삶과 사고방식을 전혀 이해하지 못했기 때문이라고 진단한다. 메리의 충고가 존에게는 모욕에 가까웠다는 것이다. 화성인들은 목적 지향적이고 해결책을 제시하는 것을 중시하는 반면, 금성인들은 관계 지향적이고 요청하지도 않은 조언을 즐겨 한다는 것. 문제는 거기에 있다는 것이다. 따라서 메리에게 '조언 포기하기'라는 해결책을 제시한다. 존 그레이는 문제가 생겼을 때 여자는 남자에게 조언을 하면 남자는 자기 능력에 대한 비판이라고 생각하고 불쾌하게 여기기 때문에 조언을 하지 말라고 제안하는 것이다. 이것이 해결책이 될 수 있을까? 이는 남자의 능력에 대해 존중할 것, 문제가 생겼을 때 닥치고 가만히 있을 것, 문제 해결은 남자에게 맡길 것이라는 남성 우월주의에 대한 다른 표현이다.

그렇다면 존 그레이는 화성 남자들에게 어떤 조언을 할까? 화성 남자들은 대화 나누기를 좋아하는 금성 여자들의 이야기를 마냥 들어주라는 대책을 제시한다. 어쩌면 여자들의 사소하고 긴 이야기들을 지루하게 여겨왔던 남자 독자들이나 주변의 수많은 관계들에 대한 진지한 이야기들을 중시하던 여자 독자들은 머리를 끄덕이며 저자가 제시한 해법에 동의할지도 모른다. 그러나 존 그레이의 화성 남자 금성 여자 구분법에는 금성 여자들이 문제 해결보다는 감정이나 사소한 이야기를 좋아하는 사회성이 떨어지는 존재라는 인식이 깔려 있다. 가령 이런 것이다. 화성인들은 스트레스를 받을 때 혼자 동굴 안으로 들어가 문제를 해결하려고 한다. 그러니 금성인은 화성인들의 삶의 방식을 이해하고 동굴 속으로 침잠한 화성인을 기다려주어야 한다. 이때 존 그레이는 동굴 밖에서 기다리는 금성인들이 즐겁게 할 수 있는 일을 친절하게 제시해준다.

쇼핑, 독서, 기도나 명상, 목욕이나 마사지, 정원 손질, 심리 상담, 전화 통화, 글쓰기, 텔레비전 시청, 음악 듣기, 운동, 산책, 맛있는 음식 먹기

존 그레이는 자신의 아내 이야기를 덧붙인다. 자신은 화가 나면 동굴에 들어앉는 편인데, 그러면 아내는 쇼핑을 하러 간다는 것이다. 아내가 쇼핑을 알아서 마치고 올 동안 자신은 동굴에 들어가 자신의 문제에 몰두한다고 묘사한다.

존 그레이의 화성 남자 금성 여자 시리즈는 전 세계에 수많은 독자들을 거느리고 있다. 이 책을 대학교 도서관에서 빌려보면, 대부분 형광펜, 볼펜, 연필 등으로 주요 부분이 밑줄 그어져 있는 것을 볼 수 있을 것이다. 많은 대학생 독자들이 줄까지 그어가며 남녀 간 차이를 확인하고 그것을 극복하려고 노력했을 것이다. 그러나 존 그레이가 제시한 남녀의 생물학적 차이와 대안은 참으로 볼품없다. 그는 여성들을 이상한 별에서 온 소비자, 사적 공간의

거주자, 비생산적 활동자, 개인화된 고립자로 전제하고 있다. 반면에 화성에서 온 남자들은 사회적 존재이며, 직업에 충실하고, 목적 지향적이며, 문제 해결력을 가진 존재로 묘사한다. 금성 여자와 화성 남자의 본질은 누가 부여했는가? 이러한 낡은 구분법은 단순하고 공식적이며, 추상적이고 편견으로 가득 차 있다. 이러한 이해는 현실 속의 복잡하고 변화무쌍한 인간의 정체성을 담아내지 못한다. 사람들은 서로의 차이를 전제로 이해하고 존중하고 연대하며 사랑할 수 있다. 그러나 존 그레이식의 차이로는 서로의 이해와 존중, 사랑에 도달할 수 없다. 존 그레이의 화성 남자 금성 여자의 구분법과 처방전에 고개를 끄덕이며 동의하는 사람도 많을 것이다. 그러나 그 동의는 그레이의 구분법이 현실 생활의 불평등한 차이를 목록화했기 때문에 가능하다. 여성은 쇼핑을 좋아할 수도 있다. 그러나 그것은 여성의 본성이 아니라, 여성이 오랫동안 생산 활동에서 배제되고 소비 전담자의 영역에 한정되어 살아왔기 때문에 나타나는 현상이다.

화성 남자들이 자기만의 동굴에 들어가 문제를 해결할 때 금성 여자들이 할 수 있는 일이란 거품 목욕이나 구두 쇼핑을 즐기면서 기다리는 정도라는 해법은 남녀의 성차를 사회적 불평등 구조로 전환한 것에 불과하다. 이러한 해법은 남녀 불평등이라는 사회·문화적 질서를 고착시킨다. 존 그레이의 목표가 아무리 긍정적이라고 할지라도 전제와 개념을 잘못 설정할 때 애초의 의도와는 달리 불행한 결과에 이르게 될 것이다. 화성 남자와 금성 여자가 타자에 대한 차이를 기억하는 대신 부조리한 사회·문화적 질서를 재현하고 강화함으로써 연인들은 제대로 사랑을 현실화하기 어렵다. 남자가 왜 동굴에 틀어박히는지 이유도 알지 못한 채, 여자들은 동굴 밖에서 구두 쇼핑이나 하면서 그가 제자리로 돌아올 때까지 기다리는 것이 사랑과 무슨 상관이 있겠는가?

생물학적 도식에 근거한 연애 지침서들은 남녀의 성차를 전형적인 것으로 만든다. 과학과 성이 결합된 경우 더욱 그러하다. 《러브 사이언스》의 저자 만프레트 타이젠은 호르몬이 얼굴 형태를 결정하는데, 테스토스테론 수치는 질 좋은 정자와 강인한 근육 조직을 만들고, 저항력이 뛰어난 면역 체계를 암시한다고 한다. 반면 에스트로겐 수치는 골격 형성을 억제하고, 풍만한 입술이 만들어질 수 있는 여건을 조성한다고 말한다. 따라서 늠름한 타잔과 가냘픈 제인이라는 완벽한 커플이 탄생할 수 있는 조건은 호르몬에 있다는 것이다. 이 책은 타잔과 제인, 브래드 피트와 니콜 키드먼이 가장 좋은 파트너가 될 수 있는 이유가 생물학적 원인이라고 주장한다. 여자들이 전형적으로 잘생긴 남자를 선호하고, 남자들이 여성적 아름다움을 가진 여자를 좋아하는 것은 명백하게 생물학적 원인이라는 사실을 복잡한 의학 용어를 들어 설명하고 있다. 탁월한 외모는 탁월한 생물학적 원천에서 나온 것이기 때문에 건강하고 유능한 유전자를 가진 상대를 좋아하는 것은 과학적 원리 때문이라는 것이다. 어처구니없게도 과학과 사랑이 만나서 외모지상주의를 합리화하고, 사랑의 사회적 가능성에 대한 접근을 차단한다.

더 나아가 남자는 시각 유혹에 약하고 바람을 잘 피우고 바람병은 고칠 수 없으며, 현재의 여자 친구에 만족하지 못하는 것이 남성의 본능이라고 전제하는 경우도 있다. 그러한 경험을 토대로 연애에 성공하려면 진심을 버리라는 역설적인 팁을 제안하기도 한다. 이러한 주장을 900만 명의 네티즌이 열독했다고 한다. 최정의 연애 지침서 《미친 연애》 이야기다. 사랑을 연어 낚시 정도로 여기는 연애 지침서에 그토록 열광하는 이유는 무엇일까? 사랑하기의 어려움을 겪는 수많은 커플들은 경험이 많은 자의 지혜를 구하고 싶을 것이다. 그러나 이러한 연애 지침서는 사랑을 위장 전술로 구사함으로써 우리가 원하는 사랑에 이르지 못하도록 방해한다.

사랑은 우연하고 복잡한 감정 구조와 사회·문화적 맥락, 타자 지향적 윤리가 혼합된 복잡하지만 풍요로운 경험이다. 남성과 여성이라는 구분 외에도 모든 사람은 다양하고 복잡한 차이를 갖는 타자로 존재한다. 나의 바깥에 존재하는 타자들은 외모, 성별, 계급, 취향, 피부, 지능, 언어, 세계관 등 모든 면에서 다르다. 따라서 고정된 차이로 인간을 이분화하는 태도는 오히려 사랑을 망친다. 사랑하는 상대는 단지 여자거나 남자라는 특성만으로 존재하지 않기 때문이다. 또한 존 그레이의 가정처럼 단순하게 고착되어 있지 않기 때문이다. 모든 인간은 복잡하고 변화하며 성찰하는 정체성을 형성하며 살아간다. 따라서 내가 사랑하는 상대 역시 복잡하고 다면적이며, 변화하면서 새롭게 형성되어가는 정체성을 갖는다. 또한 남자/여자 구분법은 시대마다 달라지며, 최근에는 사회·문화적으로 형성된 것이기 때문에 해체되거나 변화될 수 있는 것으로 받아들여지고 있다. 따라서 고정적인 성차만으로 상대를 규정할 때 사랑의 관계는 지속되기 어렵거나 왜곡될 수밖에 없다.

　　최근 진화 생물학은 고정화된 성차 인식을 뒤집는 사례를 제공함으로써 성 역할에 대한 긍정적이고 새로운 사유를 제시하기도 한다. 특히 헬렌 피셔는 진화 생물학과 인류학적 지식을 토대로 짝짓기와 연애에 대한 새로운 관점을 제안한 바 있다.[*] 진화의 주요 계기를 생식에 있다고

---

[*]　헬렌 피셔, 《왜 사람은 바람을 피우고 싶어할까》, 최소영 옮김, 21세기북스, 2009 참조.

보는 진화 생물학은 암컷과 수컷 간의 짝짓기의 양태가 어떻게 오늘날에 이르렀는지 진화의 관점에서 해명한다. 헬렌 피셔는 남자의 바람병을 당연시하는 통념들이 얼마나 그릇된 오해인가를 보여준다는 점에서 흥미로운 사례를 보여준다. 피셔는 남녀를 불문하고 인간의 혼외정사가 역사적으로 포기되지 않을 수밖에 없는데, 그것은 진화론적 관점에서 성적 다양성에 대한 관심과 같다고 설명한다. 가령, 한 남성이 한 여성에게서 두 명의 자녀를 낳았다면, 그는 다음 세대에 두 배의 기여를 한 셈이다. 그러므로 생물학적으로 해석할 때, 성적 다양성을 추구하는 남성들은 자녀를 낳을 확률도 더 높아진다.

음험한 진화 심리학

그렇다면 여성들은 성적 다양성에 관심이 없을까? 헬렌 피셔는 그렇지 않다고 대답한다. 그녀는 여성의 성적 다양성(바람 피우기)이 수백만 년 전 여성 선조들에게 생물학적으로 유용할 수 있었던 근거를 제시한다. 아프리카 남부 칼라하리 사막에 사는 여성 니사는 다섯 명의 남편을 두고 있다. 니사는 그 이유를 다음과 같이 밝혔다. "이곳은 여자가 해야 할 일이 너무 많아요. 그래서 어디를 가든지 애인이 있어야 하지요. 이곳에 가면 이곳 애인이 목걸이를 걸어주고, 저곳에 가면 저곳 애인이 고기를 줘요. 그렇게 선물을 가지고 집에 돌아가면 융숭한 대접을 받죠." 여성이 성적 다양성에 관심을 가지는 첫째 이유가 보조적인 생계 수단 때문이라는 것이다. 다른 애인들의 보살핌 덕으로 그녀의 자녀는 생존에 더 유리하다. 또한 바람 피우기는 일종의 보험 같아서 남편이 죽었을 경우 아버지 역할을 할 후보자를 영입할 가능성이 높고, 가난하거나 겁이 많고 시력이 나쁜 사냥꾼과 결혼했을 때 훌륭한 유전자를 가진 아이를 가짐으로써 유전적 혈통을 개선할 수 있기 때문이다. 그만큼 여성의 바람 피우기는 과거 여성 선조들의 삶에 유용했을 것으로 보았다.

진화 심리학은 이처럼 바람 피우기라는 성적 다양성이 화성 남자들만의 것도 아니고, 금성 여자들만의 것도 아니라고 주장한다. 그것은 인류가 더 좋은 유전자와 더 많은 생식 활동을 통해 진화할 때 필요한 것이기 때문이다. 헬렌 피셔의 견해에 따르면 화성 남자 금성 여자와 같은 생물학적 차이에 근거한 행동 양식은 오히려 생물학적이지 않다. 그렇게 본다면 남성의 바람기가 남성의 성 문화인 것처럼 이해하는 연애 지침서는 불평등한 남녀 질서를 정당화하려는 음험한 의도를 숨기고 있다. 남자는 바람을 피워도 되고 여자는 윤리적으로 안 된다는 이중 잣대를 진화 심리학은 반대하고 있다. 남성의 성적 대담함이나 여성의 성적 수줍음은 자연적 본능과는 상관이 없다.

그러나 진화 심리학 역시 남녀의 본성을 생물학적 본질로 이해한다는 점에서 한계가 있다. 프랑스의 실존주의 철학자 시몬 드 보부아르는 '여자는 태어나는 것이 아니라 여자로 만들어지는 것'이라는 중요한 관점을 제시했다. 여성은 생물학적으로 태어나는 것이 아니라, 사회·문화적으로 구성된 존재라는 것이다. 여성이 아이를 낳고, 치마를 입고, 머리를 기르고, 여성적 언어를 사용하면서 살아가는 것은 여성 유전자를 가지고 태어났기 때문이 아니라, 사회 문화가 만든 규범 때문이다. 더 나아가 주디스 버틀러는 숙명처럼 고정불변한 것으로 여겼던 생물학적 성sex조차 사회·문화적으로 만들어진 것이라고 주장한다.[*] 생물학적 근거로 형성된 여성의 의미 역시 자연적·본능적·본질적인 것이 아니라, 사회에 의해 만들어진 개념이나 규범이라는 것이다. 버틀러의 급진적인 관점에서 본다면 아이를 낳아 기르면서 생기는 모성이나, 성적 수줍음과 같은 여성적인 것들은 진화 생물학에서 말하는 진화적 유용성이 아니라, 여성/남성이라는 이분법에 의해 형성되는 권력의 문제라고 지적한다. 즉 생물학적 성은 없다는 것이다.

성에 대한 새로운 관점을 제시한 헬렌 피셔의 견해

---

[*]   주디스 버틀러, 앞의 책 참조.

역시 생물학과 문화의 경계가 불분명하다.[*] 또한 진화론 모델은 현재의 모습이 원래 그래야 하는 모습이라고 안심시킴으로써 안정감을 주기 때문에 사람들은 쉽게 이 의견에 동의한다. 여성들이 성적 다양성 때문에 호스트 바에 드나들고, 남성들이 종의 보존을 위해 유모차를 밀며 마트에 가는 것이 일상이라고 할 때 많은 사람들은 혼란에 빠질 것이다. 생물학적 모델은 이런 일이 당장 일어나지 않을 거라는 확신을 주기 때문에 우리의 삶에서 복잡성을 제거하고 안정감을 부여한다.[**]

남녀 간의 성이나 사랑의 문제는 본능적이고 본질적인 관점에서 이해하기 어렵다. 인간의 정체성은 사회·문화적 상황, 역사적 맥락, 개인의 존재론적 개성이 씨실과 날실로 엉킨 페르시아의 카펫처럼 복잡하고 모호하며 변화무쌍한 것이기 때문이다. 커플들이 사랑의 관계를 잘 맺기 위해 상대방의 특성을 잘 이해할 필요가 있다면, 그것은 적어도 고정화된 생물학적 차이를 근거로 해서는 곤란

진화 심리학은 인간의 짝짓기 행동을 비롯한 인간의 본성에 설득력 있는 설명을 제공해왔지만, 인간만이 갖는 문화적 독특성에 대한 설명이 아직 불충분하다는 사실을 인정하고 있다.(장대익, 〈포르노그래피의 자연사〉, 《포르노 이슈》, 그린비, 2013 참조)

** 마리 루티, 《하버드 사랑학 수업》, 권상미 옮김, 웅진지식하우스, 2020.

하다. 상대를 상호 인정하기 어려울 뿐 아니라, 필연적으로 관계를 왜곡하기 때문이다. 화성에서 온 남자, 금성에서 온 여자라는 관점은 사랑을 더욱 어렵게 만들 뿐이다.

'나'는 '누구'를 사랑하는가? – 자기와 타자

　　사랑의 관계에서 어려움 중 하나는 차이에 대한 갈등이다. 사랑하는 상대와 생각이나 취향, 가치관이 다를 때 커플들은 티격태격 싸움을 하다가 급기야 결별에 이르고야 만다. 차이가 갈등으로 치닫는 이유는 사랑을 융합, 하나 됨으로 생각하기 때문이다. 커플이 사랑에 빠지는 이유는 다양하겠지만, 대체로 상대를 동일성의 관점에서 바라보는 데서 시작한다. 우연히 공교롭게도 상대는 내가 좋아하는 가수를 좋아하고, 내가 즐겨 마시는 종류의 커피를 좋아하며, 내가 여행지로 삼았던 그곳을 가본 적이 있고, 같은 책을 읽고 공감하며, 같은 대선 후보를 지지하고, 직업과 가족에 대한 가치관이 같다는 이유로 매력을 느낀다. 그리고 사랑에 빠지게 되면 둘은 하나가 되려는 욕망을 실현하려고 노력한다. 그것이 '일심동체'로 불렸던 융합, 하나 됨의 욕망이다. 서로 같아지면 같아질수록 사랑은 성공적이라고 평가받는다. 그러나 서로 다른 인간이 사랑한다고 해서 궁극적으로 같아질 수는 없다. 사랑이 타인에 대한 존재론적인 친밀함이라면, 동일한 존재끼리는 사랑할 수 없다. 자기가 자기를 사랑하는 것은 자기애에 불과하기 때문이다. 따라서 사랑을 융합, 하나 됨으로 이해할수록 차이는 불편한 것이 되고, 갈등이 된다. 가령 커플들이 서로 다른 견해를 제시하면 '너와 나는 다르다'라는 판단과 '상대를 잘못 골랐다'라는 결론에 이르는 경우를 흔히 볼 수 있다. 문제는 상대가 아니라 차이에 대한 인식 때문인데도 말이다.

사랑은 근본적으로 차이에 대한 경험이다. 연인들은 근원적으로 타자적 존재이며, 사랑의 관계는 동일자가 아니라 타자 간의 연대를 말한다. 그런데도 커플들은 상대를 개성과 차이보다는 하나 됨, 동일성, 융합의 관점에서 바라본다. 융합으로서의 사랑은 현실에서의 사랑을 어렵게 만드는 요인이다. 문제는 내가 사랑하는 상대가 누구인가를 알아야 한다는 것이다.

에밀리 브론테의 소설 《폭풍의 언덕》은 사랑이 어떻게 연인들의 삶을 불행하게 만들고 서로를 파괴하는지를 잘 보여준다. 영국 요크셔 지방 폭풍의 언덕이 배경인 이 소설은 캐서린과 히스클리프라는 두 연인이 주인공이다. 캐서린은 히스클리프를 사랑하지만 다른 남자와 결혼하고, 히스클리프는 그녀를 떠났다가 돌아와 끔찍한 사랑의 복수를 한다. 캐서린은 사랑의 고통 때문에 시름시름 앓다 죽고, 히스클리프 역시 죽은 캐서린의 환영을 보면서

르네 마그리트, 〈연인들〉(1928)

내가 사랑하는 이는 누구인가

연인들은 누구와 키스를 하는 것일까? 사랑은 근본적으로 차이에 대한 경험이다. 연인들은 근원적으로 타자적 존재이며, 사랑의 관계는 동일자가 아니라 타자 간의 연대이다.

죽는다. 이들의 사랑이 비극으로 끝날 수밖에 없었던 이유는 융합이라는 사랑의 방식 때문이다. 캐서린은 히스클리프를 "그가 나보다 더 나 자신"이며 "그와 내 영혼은 같은 것"으로 여겼다. 히스클리프 또한 캐서린을 향한 사랑을 "땅 밑에 있는 영원한 바위"로 인식했다. 그가 나보다 더 나 자신이며, 영원한 바위처럼 변하지 않을 것이라는 이들의 강한 연대감은 역설적으로 이들의 사랑을 파괴하였다. 이들이 서로 배반하고 복수했기 때문이 아니라, '융합적 사랑'과 '영원한 사랑'의 가치에 집착했기 때문이다. 이들은 삶 속에서 형성되는 자기 정체성과 관계의 변화를 무시했다. 그리고 사랑의 에너지를 복수와 죽음, 자기 파멸로 소진했다. 캐서린과 히스클리프의 사랑은 문학적으로 아름다울 수는 있겠지만, 현실 속에서 이루어야 할 모델로 삼기는 어렵다. 사랑이 좋은 가치라면 유토피아가 아니라 현실에서 실현하고 향유해야 하지 않겠는가?

'자기'란 누구일까? 최근까지 주체 개념은 이성적이고 합리적인 근대적 주체성을 비판하면서 감정이나 몸을 가진 변화하고 불확정적인 존재, 시스템의 회로에 갇힌 존재로 전환되었다. 근대 이후 주체는 영웅에서 소인으로 지위가 하락했다. 그러한 관점은 인간을 만물의 지배자라는 오만함에서 벗어나게 하고, 주체가 아닌 타자에 주목하게 하였다. 사랑의 힘은 인간을 위대하게 만들기도 하지만,

사랑에 빠진 주체들은 자기가 얼마나 속수무책 바보가 되는지 절감한다. 사랑의 열정은 합리적 판단을 흐리게 할 수도 있지만, 타자에게 기꺼이 열려가며, 둘이라는 복수複數적 관계에 의해 자기 정체성을 구축하게 한다. 사랑의 주체들은 자기의 경계를 허물고 침입하는(사랑하는) 타인을 즐거우면서도 고통스럽게 환대해야 하는 역설적 존재이다. 이들은 근대의 합리적 인간 유형과는 거리가 멀다. 해석학자 폴 리쾨르는 실격된 근대 주체와는 다른 새로운 주체를 구성하고자 하였다. 그는 주체에게는 타고난 성격처럼 변하지 않는 자체성mêmeté도 있지만, 시간 속에서 변화하고 타자와 관계 맺는 자기성ipséité이 있다고 분석한다.* 따라서 주체는 '타자로서의 자기 자신'이라는 개념으로 전환된다. 나라는 주체는 나의 외부인 타자, 나 아닌 모든 것들과 연관되어 있으며, 타자들과 연루되면서 새롭게 형성되는 내가 바로 '타자로서의 자기 자신'이다. 나와 타자는 자기 안에서 상호 인정되기 때문에 절대적 외부로서의 타자가 아니라, 관계적 타자가 되는 것이다. 그래서 나의 이야기는 수많은 타자들의 이야기와 혼합되면서 다양성, 가변성, 불연속성, 불안정성을 통합하는 위치에서 해석될 수 있다.

---

* 폴 리쾨르, 《타자로서의 자기 자신》, 김웅권 옮김, 동문선, 2006.

신경숙의 《외딴 방》은 작가가 1979년에서 1981년까지 영등포여고 산업체 특별 학급에 다녔던 소녀 시절의 이야기를 쓴 자전적 소설이다. 성인이 되어서도 말할 수 없었던 상처들에 대한 이야기를 꺼내놓으며 작가는 이것은 사실도 픽션도 아닌 그 중간쯤의 이야기라고 전제한다. 작가가 곧 주인공인 이 소설은 자기가 어떻게 사후적으로 해석되고 형성되는지 잘 보여준다.

> 희재 언니…… 기어이 튀어나오고 마는 이름. 우리는, 희재 언니는 유신 말기 산업 역군의 풍속화. 성이 무엇이었던가. 김홍도의 풍속화첩을 본다. (……) 봐라, 나는 도망친다. 도망치는 나를 내가 붙잡는다. 앉아봐, 더는 도망을 못 가. 그때나 지금이나, 그리고 언제까지나. 앉으라구.*

작가는 소녀 시절 봉인해두었던 깊은 상처인 희재 언니의 이야기를 쓰려고 하지만, 그 이야기로부터 자꾸 도망친다. 미루고 미루다 결국 소설의 말미에 희재 언니에 대한 비밀을 간신히 밝힌다. 희재 언니는 같은 산업체 학급에 다니다 자살을 시도하게 되는데, '나'가 의도치 않게 희재 언니의 자살을 돕게 되었다는 놀라운 비밀이 드러난다. 어느

---

*   신경숙, 《외딴 방》, 문학동네, 2014, 51쪽.

날 아침 희재 언니는 나에게 오후에 시골에 가려고 하는데 문을 안 잠그고 나왔으니 자물쇠로 문을 잠가달라고 부탁한다. 소녀는 언니의 부탁대로 밖에서 문을 잠그고 며칠을 보낸다. 휴가가 길다고 생각하면서. 그런데 희재 언니가 그 방에서 자살하였다. 자살이 성공한 것은 소녀가 밖에서 문을 잠가주었기 때문일 것이다. 소설에서 희재 언니에 대한 사건은 작가에 의해 끊임없이 유보된다. 자기의 상처와 맞대면하기 어렵기 때문이다. 글을 쓰는 작가는 "더는 도망 못 가. 그때나 지금이나, 그리고 언제까지. 앉으라구"라며 자기를 붙잡아두면서 간신히 상처와 조우한다.

　　이 이야기는 발단-전개-위기-절정-결말이라는 매끈한 서사가 아니라, 현재의 작가가 과거에 불쑥 개입하거나 현재와 과거가 뒤섞이며 뚝뚝 끊기는 불연속적인 구조를 갖고 있다. 외딴 방의 소녀는 숨기고 싶은 내면을 털어놓느라 죄책감에 시달리고, 도망가고, 두서없이 이야기한다. 과거의 소녀와 현재의 작가는 동일한 인물이지만 동일한 시간을 다르게 해석한다. 신경숙은 자기와의 어긋난 대화에 타인들의 이야기를 덧붙인다. 이처럼 주체란 확고하고 합리적이며 일관된 정체성을 갖고 있지 않으며, 여럿의 자기가 시공간에 따라 변화하는 불연속적인 존재다. '자기'의 이야기란 신경숙의 《외딴 방》에 나오는 화자와 같다. 자기를 이야기로 표현한다면 그것은 어떤 시점에서 이야기하느냐에 따라 달라진다. 즉 자기가 자기를 해석할 때 해석하는 자기가 어떤 상태냐에 따라 이야기는 달라진다. 같은 이야기라도 우리는 상황에 따라 얼마나 다르게 이야기할 수 있는가. 주체란 이처럼 가변적이고, 복합적이며, 불연속적이고, 불안정한 존재다.

그렇다면 타자란 누구인가? 개인적인 경험 중 가장 이해하기 어려웠던 것은 내가 사랑하는 그는 도대체 누구인가 하는 문제였다. 그는 도대체 누구일까? 같은 기억도 다르게 하며, 일관된 행동을 하지 않는 것처럼 보이고, 왜 저런 행동을 하는지 오리무중일 때가 많다. 오랫동안 삶을 함께 나누었으면서도 결국 나는 그를 잘 모르겠다는 결론을 내릴 때, 사랑은 길을 잃는다. 그를 어떻게 사랑해야 할지 난감해진다. 내가 사랑하는 그는 이전의 그와 늘 다르며, 나와 다른 견해를 제시하고, 때로 극복할 수 없는 차이를 경험한다. 그런 상황에서 사람들은 사랑의 문제를 타자의 문제로 돌리기 시작한다. 나와 맞지 않는 사람을 만났다고 말이다. 그것은 해법이 될 수 있을까? 나와 잘 맞는 사람은 누구일까? 나와 잘 맞는 사람이란 나와 동일성의 비율이 높은 사람을 말하는 걸까? 동일성의 비율을 추출하는 것이 가능할까? 동일하지 않은 부분은 어떻게 해야하나? 나와 같은 대통령 후보를 찍고, 같은 음식을 좋아하고, 같은 소설책을 읽고, 같은 음악을 듣는다고 해도, 그 이

외의 모든 것들은 나와 다르다. 같은 것의 목록이 많다고 하더라도 다른 것의 목록의 수를 넘지 않는다. 근본적 차이를 어쩌지 못한다는 것이다. 혹시 우리는 차이를 두려워하는 걸까? 차이를 갈등과 불화의 전제라고 여기는 것은 아닐까? 사랑이 타인과의 친밀감, 연대, 열정적 관계 맺음이라면, 그것은 근본적으로 차이에 대한 경험이다. 사랑이란 자기와의 사랑이 아니라, 근본적으로 나와는 다른 타인과의 관계이기 때문이다. 따라서 차이는 사랑의 전제 조건이 된다. 그렇다면 타자란 누구인가? 내가 사랑하는 그는 도대체 누구인가?

레비나스는 타자를 나와 같은 존재, 또 다른 자아로 인식하는 태도를 전면적으로 비판하면서, 타자를 외부성에서 찾는다. 레비나스에게 타자란 나와 다른 사람을 말한다. 타인은 나와 다른 자아가 아니라, 본질적으로 나의 외부에 있는 다른 존재이다. 타자가 타자인 이유는 성격, 외모, 심리가 다르기 때문이 아니라, 오직 다름(타자성) 때문이라는 것이다.[*] 그는 타자와의 관계를 옆에 있는 얼굴(함께함)이 아니라, 무섭도록 얼굴과 얼굴을 마주한 관계(마주 대함)라고 보았다.[**] 타자란 나의 동일성을 압박해오는

---

[*] 에마뉘엘 레비나스, 《시간과 타자》, 강영안 옮김, 문예출판사, 1996 참조.

완전히 다른 얼굴이라는 것이다. 곧 타자란 주체가 장악하거나 소유할 수 없는 '다름' 그 자체다. 동시에 타자는 자아의 감옥에서 해방시킬 수 있는 필수 요소이기도 하다. 자기동일성에 갇혀 포로 신세에 있는 자아로부터 벗어날 수 있는 힘은 외부로부터 오기 때문이다. 그런 점에서 레비나스에게 에로스(사랑)는 중요하다. 에로스를 통한 타자의 침입은 나의 감옥으로부터 벗어남을 가능하게 한다.

레비나스에 따르면 사랑을 가능하게 하는 것은 상대의 타자성이다. 사랑이 하나 됨이 아니라 '둘 됨'*** 이라는 복수성을 실현하는 것은 타자의 타자성(다름) 때문이다. 상대는 나와 다른 존재이기 때문에 아무리 사랑한다고 해도 상대를 소유하거나 장악할 수 없으며, 하나로 용해할 수 없다. 사랑이 자기와의 관계가 아니라 타인과의 관계 맺음이라면, 사랑은 타자의 타자성에 기초한다. 그렇게 본다면 '나는 누구를 사랑하는가'의 문제가 조금은 풀리는 것 같다. 내가 사랑하는 상대는 나의 외부에 존재하는 사람이고, 내가 소유하거나 지배할 수 없는 사람이며, 자기동일성의 감옥에서 벗어나 나를 새롭게 만들어줄 수 있는 사람이

**   에마뉘엘 레비나스, 《존재에서 존재자로》, 서동욱 옮김, 민음사, 2003 참조.

*** 에마뉘엘 레비나스, 《윤리와 무한》, 양명수 옮김, 다산글방, 2000 참조.

다. 상대를 사랑하지만, 상대를 끝까지 이해하지 못하고 소통할 수 없는 지점이 남아 있다는 사실은 어쩌면 자연스러운 일인지도 모른다. 어떻게 나의 외부에 있는 자, 나와 전적으로 다른 자, 끊임없이 변화하는 자인 상대를 완전하게 알 수 있겠는가? 사랑은 나와 다른 타자를 사랑하되, 사랑은 상대를 장악하거나 소유할 수 없는 미지의 지점을 남겨둔다. 그 차이를 받아들이는 것이 사랑이 할 일이다. 그렇게 본다면 미래에 대해 극단적인 불안으로 괴로워했던 코코슈카의 사랑은 알마를 완전히 소유하려는 욕망에서 기인한다. 코코슈카가 소유할 수도 없고 장악할 수도 없는 알마의 미지의 영역을 남겨두었더라면, 코코슈카는 불행해하지 않았을 것이다. 사랑하는 연인을 옆에 두고도 사랑을 이루지 못할까 봐 전전긍긍하는 일은 얼마나 바보 같은 일인가? 사랑을 집착으로 오해하는 연인들, 사랑을 자기 결핍을 채우기 위한 보충물로 여기는 연인들, 사랑을 또 다른 자기와의 만남으로 인식하는 연인들은 '내가 사랑하는 그는 누구인가'라는 근본적인 질문을 해야 한다.

영화 〈뷰티 인사이드〉(2015)는 자고 일어나면 몸이 바뀌는 한 남자의 사랑에 대한 영화이다. 주인공 우진은 잠을 자고 일어나면 완전히 다른 사람이 되어 있다. 그는 대머리 중년 남자이기도 했다가, 다른 날에는 머리가 긴 여자였다가, 조폭의 외모를 가지기도 하고, 어린아이였다가 외국인으로 바뀌어 있다. 우진은 가구점에서 일하는 이수를 사랑하게 된다. 우진은 늘 변하는 존재이므로 그가 누구인지 정확히 알 수 없다. 이수는 우진을 사랑할 수 있을까? 영화는 해피엔딩으로 끝나지만 사실은 우리가 사랑하는 존재란 우진과 같은 존재라는 사실을 영화는 시각적으로 표현하고 있다.

이 영화는 사실상 이수에 대한 영화다. 이수는 어느 날 우진을 만나 데이트를 하지만, 다음 날 우진을 알아볼 수조차 없다. 우진의 외모가 바뀌어 있기 때문이다. 이수는 변하는 몸을 가진 존재, 도저히 예측할 수 없는 존재인 우진을 사랑할 수 있을까? 우진과 같은 존재를 사랑할 수 있는가의 문제는 나의 외부에 존재하는 연인을 어떻게 사랑할 수 있는가에 대한 질문이기도 하다. 나의 외부에 존재하는 타자를 사랑하는 일은 가능한가, 불가능한가? 나는 가능성의 관점에서 사랑을 바라보고자 한다. 나의 외부에 존재하는 타자와 소통하고 에로스를 나누는 일은 어려운 일일 것이다. 어렵다는 것이지 불가능하다는 말은 아니다. 앞에서 사랑이 왜 어려운가라는 질문을 했는데, 이는 '타자'와의 사랑이 가능한가라는 물음과 연관되어 있다.

문화 비평가 한병철은 사랑을 부정성의 측면에서 파악하였다. 그는 현대를 '타자가 사라지'는 시대로 진단하고, 타자성이 제거된 소비사회를 비판한다. 타자를 구원할 수 있는 방법으로 에로스를 제시하지만, 그에게 에로스는 죽음과 묵시록적인 것이다.* 따라서 그의 에로스는 트리스탄과 이졸데의 '사랑의 죽음'을 적극 긍정한다. 타자란 도달 불가능한 숭고한 존재이기 때문에 오히려 에로스는 죽음과 연관된다고 보는 것이다. 타자를 절대적으로 외부에 두는 이러한 태도는 사랑을 긍정하는 것 같지만, 사랑을 불가능한 것으로 만든다. 도달 불가능한 상대와 어떻게 사랑을 할 것인가? 사랑은 트리스탄과 이졸데처럼 죽음이라는 묵시록적인 불가능성으로 접근해야 할 필요가 있을까? 사랑하는 상대의 타자성을 인정하는 것과 절대적 타자성으로 파악하는 것은 다르다. 가령 레비나스는 타자를 외부적 존재로 파악하지만, 에로스를 통해 절대적 타자를 넘어서서 타자와의 에로스적 소통이 가능하다고 말한다. 그는 연인들의 애무에 대해 다음과 같이 말한다.

> 애무를 통해 주체는 타자와의 접촉에서 단지 접촉 이상의 차원으로 넘어간다. (……) 하지만 바르게 말하자면 애무를 받는 대상은 손에 닿지 않는다. 이러한 접촉에서 주어지는 손의 미지근함이나 부드러움, 이것이 애무에서 찾는 것은 아니다. 이러한 애무의 추구는, 애무가 찾

---

* 한병철, 《에로스의 종말》, 김태환 옮김, 문학과지성사, 2015 참조.

는 것이 무엇인지 모르고 있다는 사실을 그 본질로 구성한다. (……) 애무는 마치 도망가는 어떤 것과 하는 놀이, 어떤 목표나 계획이 전혀 없이 하는 놀이, 우리 것이나 우리 자신이 될 수 있는 무엇과 하는 놀이가 아니라 다른 어떤 것, 언제나 다른 것, 언제나 접근할 수 없는 것, 언제나 미래에서 와야 할 것과 하는 놀이처럼 보인다. 애무는 거머쥘 수 없는 것에 대한 새로운 전망을 열어주는 이러한 배고픔의 증대, 점점 더 풍요해지는 약속으로 가득 차 있다. 애무는 헤아릴 수 없는 배고픔을 먹고 산다.

애무란 연인들의 친밀하고 비밀스러운 몸의 접촉이다. 여기서 접촉은 이중의 의미를 갖는다. 접촉은 연인과의 감각적 만남(소통, 융합)이지만, 동시에 소유할 수 없는 연인의 타자성과 조우하게 한다. 연인들이 서로 손을 잡을 때 그들은 상대의 따뜻하고 부드러운 손을 만지지만, 만지는 손이 나의 것이 아니라 그(그녀)의 것이라는 사실을 동시에 느끼게 된다. 따라서 애무의 본질은 하나 됨이 아니라 둘 됨에 있으며, 나의 손에 완전히 쥐어지지 않은 상대의 손을 만지는 행위이다. 그것을 레비나스는 나와 다른 것과의 놀이, 거머쥘 수 없는 것과의 놀이라고 말하고 있다. 그래서 연인들의 애무는 갈망에 가까우며, 너무나 큰 위장을 가져 아무리 먹어도 배가 차지 않는 식사와도 같다. 우리는 사랑하는 상대를 아무리 만져도 더 만지고 싶고, 더 만져도 채워지지 않는 허기 같은 것을 느꼈던 경험이 있을 것이다.

그럼에도 사랑은 애무를 통해 이루어진다. 연인들끼리의 애무는 사랑을 향유하는 가장 감각적이고 직접적인 방법이다. 동시에 애무는 소통과 하나 됨만으로 이루어지지 않는다는 사실을 레비나스는 애무의 현상학을 통해 말하고 있다. 에로스란 만지고 접촉할 수 있지만, 동시에 신비한 미지의 영역을 가진 상대를 사랑하는 것이다. 연인들이 손을 잡고 키스하는 행위는 소통과 비소통을 동시에 갖는 사랑의 향연이다. 또한 애무는 연인이 얼마나 가까운 존재인지를 증명하면서 동시에 얼마나 가까워질 수 없는 관계인지를 동시에 경험하게 한다. 애무를 통해 나는 연인을 소유하고 장악하거나 거머쥘 수 없다. 나의 손길이 미치지 못하는 신비로운 미지의 지점, 즉 타자적 존재를 열정적으로 좋아하는 행위가 사랑이다.

코코슈카는 알마와 섹스를 나누면서도 왜 알마를 놓치는 것일까? 코코슈카는 알마를 사랑하는 그 순간에 알마와의 관계를 망가뜨렸다. 그것은 성적 접촉을 통해 알마를 완전히 나의 것, 나의 손길이 온전히 미칠 수 있는 존재로 여겼기 때문이다. 코코슈카는 영원한 사랑이 아니라면 그것은 진실한 사랑이 아니라고 여겼을지 모른다. 코코슈카는 사랑을 잘못 인식했다. 나와 다른 타자를 온몸으로 접촉한다고 해도 나의 것이 될 수 없다. 코코슈카의 사랑이 실패할 수밖에 없는 이유가 거기에 있다. 우리의 현실에서도 수많은 코코슈카를 찾아볼 수 있다. 내가 사랑하는 만큼 상대도 나를 사랑해야 하고, 내가 좋아하는 것을 좋아해야 하며, 나와 같은 정치적 신념을 가지고 있어야 할 뿐 아니라, 나와 같은 미래를 설계해야 사랑이라고 믿는 사람들이 얼마나 많은가? 그러나 내가 사랑하는 그가 타자성을 갖는 존재라는 사실을 인정하지 않으면 사랑은 실패하게 된다. 이별이 사랑의 실패가 아니라, 사랑하는 상대를 나의 영역으로 동일화하는 것, 그것이 사랑의 실패이다. 나의 모순적 정체성과 상대의 타자적 성격을 이해할 때 사랑은 가능하다. 따라서 내가 누구인가, 사랑하는 상대가 누구인가라는 근원적 질문을 끊임없이 할 때 사랑은 실현된다.

사랑의 개념은 변한다

사랑은 무엇일까? 사랑이 인간관계의 한 유형에서 파생된 것이라면, 그것은 시대와 공간에 따라 변화한다. 사랑의 역사는 사랑의 이야기의 역사이다. 현대를 사는 우리가 사랑의 개념을 성찰하는 방법 중 하나는 사랑의 역사를 살펴보는 일이다. 사랑의 감정은 자연적으로 발생하는 개인의 취향 같지만, 사회적이고 역사적인 감정이기도 하다. 사랑의 감정이 사회적으로 취급되거나 유통되는 방식이 특정 사회의 사랑, 연애, 결혼이라는 양식으로 나타나기 때문이다. 현대에 사는 우리들의 사랑은 고정된 제도가 아니다. 역사적으로 사랑은 변화를 거듭하며 현재에 이르렀으며, 또한 앞으로 다른 형태로 변화될 것이기 때문이다. 우리의 사랑이 처한 상황이 변화 가능하다는 점을 알면 어떻게 사랑해야 할 것인가라는 문제의 실마리가 보일 것이다. 사랑은 사회적으로 만들어진 것이기도 하지만, 새로운 형태를 발견하거나 발명할 수 있다.

서구의 사랑의 역사

이상적 사랑, 랜슬롯과 기네비어

서양의 중세 말 궁정 사회의 사랑은 '이상적 사랑'이었다. 이 시대의 사랑에서 가장 중요한 코드는 상대를 '이상화'하는 것이었다. 따라서 사랑은 완벽함을 추구하는 이념이었으며, 상대를 이상적인 존재로 만드는 데 목표를 두었다. 이 사랑의 형태는 궁정 연애 스타일로 체계화되었다. 중세 시대의, 아이 낳는 일은 집 안에서 연애는 집 밖에서 하는 것이라는 생각은 사라지지 않았지만, 오직 한 여인에게만 바치는 위대한 사랑이라는 관념을 통해 변형되어갔다. 남자는 여성의 호의를 얻어야 했지만 그것을 강요할 수는 없었다. 사랑의 지향점은 기사가 한 귀부인에게 무릎을 꿇는 행동에 있었다. 이때 귀부인은 이상적 존재인 요조숙녀로 그려진다. 반면 그렇지 못한 여성들은 타락한 요부妖婦로 표상된다.

아서왕과 원탁의 기사들 이야기에 주로 나타나는 이 사랑의 형태는 귀부인과 기사 사이에서 일어난다. 바위에 박힌 왕의 검 엑스칼리버를 뽑은 후 브리튼족의 전설적인 왕이 되었다는 아서왕에게는 원탁의 기사들이 있었다. 그중 호수의 요정 손에서 자라나 '호수의 기사'로 불린 랜슬롯은 가장 잘생기고 예절에도 밝으며 무술 실력이 뛰어난 최고의 기사였다. 그는 정의를 실천하고 위험에 빠진 수많은 귀부인들과 기사들을 구했다. 랜슬롯은 아서왕의 부인인 기네비어를 호위하게 되었는데, 둘은 사랑에 빠지고 말았다. 둘 다 사랑의 번민에 휩싸이고 아서왕과 갈등하지만, 결국 랜슬롯은 아서왕에게 충성을 다하게 된다. 랜슬롯과 기네비어 이야기는 현대로 전승되면서 새로운 서사로 변형되거나 그 시대에 맞게 재해석되었다. 최근 영화들은 랜슬롯과 기네비어의 사랑이 이루어지는 쪽으로 기울었다. 그러나 이야기의 원형은 랜슬롯과 기네비어의 사랑이 신과 왕에 대한 충실성을 거스르지 않는 방향으로 전개되었다. 이 사랑의 핵심은 성스러운 이미지로 압축된 귀족 부인에 대한 기사의 충성스러움과 찬양에 있다.

'이상적 사랑'의 이야기에서는 스킨십과 같은 육체적 관계는 문제가 되지 않는다. 서로 손을 잡거나 포옹하고 잠자리를 같이하는 내용은 이야기에 잘 나오지 않을 뿐더러, 중요하게 다루지 않는다. 귀족 부인인 기네비어에 대한 기사 랜슬롯의 사랑은 이상적이고 고결한 여인을 향한 지고지순한 헌신이며 의무이고, 찬양이다. 마치 성모마리아를 흠모하는 것처럼 귀부인을 성녀로 숭배하는 태도가 이 시대의 사랑이었다. 기사는 아름답고 기품 있는 귀부인에게 무릎을 꿇은 채 위대한 사랑을 바치면 충분했다.

열정적 사랑, 마담 퐁파두르의 후예들

그러나 '이상적 사랑'은 17세기가 되면 '열정적 사랑'의 형태로 변화된다. 과거 이상적 사랑의 코드가 '이상화'였다면, 이 시기에는 '열정'이 핵심 코드가 된다. 열정은 사랑의 제도로 인정받으며 현실 속으로 진입한 것이다. 역사적으로 중세 귀족들은 계급을 세습하기 위해 정략결혼을 한 후에는 부부가 침실을 함께 사용하지 않았다. 섹스는 가정 바깥에서 이루어졌다. 프랑스의 왕 루이 15세의 정부情婦였던 마담 퐁파두르는 너무나 유명하다. 왕의 정부였던 그녀는 뛰어난 외모뿐 아니라, 루소나 볼테르 같은 지식인을 후원한 지성인이기도 했다. 중세에는 왕뿐 아니라 귀족들은 정부를 따로 두고 열정적 사랑을 즐겼다. '프리델Friedel'은 '사랑하는 사람'을 의미하는데, 중세의 '프리델 결혼Friedelehe'은 귀족이나 왕족 남자가 정부로 삼은 여성과 결혼할 때 쓰던 말이다. 프리델 결혼을 한 정부는 법적 부인이 아니었다. 하지만 남편이 부인에 대한 지배권을 갖지 않았기 때문에 사랑의 이름으로 더 많은 자유와 권리를 누리는 경우가 있었다. 정부는 법적 권리 대신 사랑을 얻었다.* 이때 사랑은 뜨거운 열정이 원리가 된다.

열정은 사랑을 능동적인 원리로 만들었다. 정숙한 여성보다 열정적인 여성이 우월한 가치를 지닌 사람이었다. 그럼에도 열정이나 격정은 신중해야 하고, 심사숙고해서 행동해야 했다. 사랑의 열정은 신중함을 통해 내면화되면서 사랑의 고통으로 전환된다. 열정적 사랑은 좌절과 수

* 양태자, 《중세의 뒷골목 사랑》, 이랑, 2012 참조.

난, 고통의 이야기로 이루어진다. 젊은이라면 자발적으로 자기 삶을 통째로 바치는 사랑을 꿈꾸고 그렇게 해야 하는 것이 '진정한' 사랑이었다. 숭고한 사랑은 좋은 것이고 육체적 사랑은 나쁜 것이라는 오래된 차이가 사라지면서 성적인 것이 사랑의 본질에 속하게 되었다. 종교나 정치적인 것에 사랑과 결혼이 성사되던 중세적 코드가 사라지고, 사랑은 연인들의 내밀한 영역이 되었다.

열정적 사랑은 괴테의 소설 《젊은 베르테르의 슬픔》에 잘 표현되어 있다. 소설 속 주인공 젊은 베르테르는 쾌활하고 영민한 법관의 딸 로테를 사랑하게 된다. 그러나 로테에게는 약혼자가 있었으며 이들은 후에 결혼하게 된다. 베르테르는 로테 부부와 친하게 지내지만 로테에 대한 사랑을 감당할 수 없어 결국 마을을 떠나 권총으로 자살하는 것으로 끝을 맺는다. 단순한 이야기 같지만 작가 괴테가 23세에 쓴 이 소설이 출간된 시절에는 자살은 용서할 수 없는 죄악으로 통용되었다. 게다가 약혼자가 있는 주인공의 사랑과 자살 행위는 당대의 질서를 뒤집는 놀라운 이야기였다. 그러나 젊은이들은 소설 속 베르테르가 입던 노랑색 조끼와 파랑색 연미복을 따라 입으며 베르테르의 자살을 모방할 만큼 이 이야기에 공감했다. 신의 질서 안에 있는 숭고하고 의례적인 사랑이 아니라, 현실 속 남녀 간의 순수한 사랑 이야기에 열광했던 것이다.

열정적 사랑은 사랑을 전투로 인식하면서 상대를 정복하는 것이었다. 그러나 동시에 열정적 사랑은 상대에게 자발적으로 복종하는 역설을 내포하고 있었다. 베르테르가 로테를 사랑하는 과정은 전투 그자체이며, 로테를 사랑하는 행위 자체에 대한 복종이기도 하다. 베르테르가 로테와 결혼하지 못했다고 해서 사랑의 열정이 가라앉는 것은 아니다. 오히려 사랑의 장애물이 열정에 기름을 부으며, 베르테르는 자살을 통해 사랑에 절대 복종했던 것이다.

베르테르의 사랑 이야기는 열정적 사랑의 특징인 감정의 비합리성과 과도함을 잘 보여준다. 첫째, 열정적 사랑의 특징인 비합리성은 돈이나 미래 계획, 신중한 태도, 합리적 사고를 방해 요인으로 인식한다. 개인의 이익과 관련된 사랑은 '가짜' 사랑이라고 여겼다. 사랑하는 사람이 어떤 직업을 가졌는지, 얼마나 부자인지, 외모가 어떤지, 어떤 대학을 나왔는지에 대해 고려하지 않는 사랑, 오직 사랑만이 전부인 사랑을 최고로 여겼다. 즉, '사랑을 위한 사랑'의 개념이 도입되기 시작하였다. 둘째, 열정적 사랑은 과도한 감정이라는 특성을 갖는다. 누군가 사랑에 빠지게 되면 물불을 가리지 않고, 생각도 하지 않고, 앞뒤도 재지 않는 '과도한 열정'을 갖게 된다. 과도한 감정에는 한계가 없다. 그래서 열정적 사랑에 빠진 사람은 죽음에 이를 때까지 사랑의 감정을 쏟아 붓는다. 베르테르를 보라.

자신의 미래나 직업에 대해 계획하지도 않고, 로테에게 약혼자가 있더라도 사랑을 멈추지 않으며, 사랑의 고뇌를 삶의 목적으로 삼을 뿐 아니라, 사랑을 완성하기 위해 자살을 시도했다. 이처럼 비합리적이고 과도한 감정을 사랑의 최고 가치로 여기는 것이 열정적 사랑의 개념이다. 이 소설을 읽고 수많은 청춘들이 사랑의 열병을 앓으며 자살을 유행시켰던 것도 사회적으로 열정적 사랑이 받아들여졌기 때문이다. 이처럼 사랑의 개념을 역사적으로 살펴보면 사적 영역으로 보이는 사랑이 사회적 양식으로 존재함을 알 수 있다.

낭만적 사랑, 트리스탄과 이졸데

18세기 이후 열정적 사랑 대신 '낭만적 사랑'의 형태가 자리 잡았다. 이전의 열정적 사랑은 일상적 삶을 벗어난 특별한 감정으로 취급된 반면, 낭만적 사랑은 사랑을 결혼과 섹슈얼리티라는 일상 세계로 끌어온다. 사랑이 결혼이라는 제도와 결합되면서 사랑의 코드는 변하지 않는 것, 영원한 것으로 귀착되었다. 이 시대는 변하지 않는 사랑을 결혼이라는 제도 안에서 지속할 수 있으리라고 생각했다. 과거 이상적 사랑과 열정적 사랑이 귀족의 것이었다면, 낭만적 사랑은 18세기 자본주의적 시민사회에 걸맞은

로헬리오 데 에구스키사, 〈트리스탄과 이졸데〉(1910)

낭만적 사랑은 죽음을 통해서만 완성된다

낭만적 사랑의 원형은 '트리스탄과 이졸데' 이야기에서 찾아볼 수 있다. 낭만적 사랑은 변화 없는 무풍지대, 영원성의 시공간에서만 가능하다. 그러니 이들은 죽음을 통해서만 사랑을 완성시킨다. 이때 사랑은 유토피아가 된다.

형태이다. 시민계급은 과거 귀족 사회의 열정적 사랑이 결혼과 사랑을 일치시키지 않으며 혼외의 사랑, 즉 불륜을 인정한다는 점을 비판했다. 낭만적 사랑의 주체였던 부르주아들은 결혼-섹슈얼리티-사랑을 도덕적으로 일치시키고자 하였다. 이것이 낭만적 사랑이라는 사회적 형식으로 코드화되었다. 사랑의 감정은 외부적인 것들로부터 침해받지 않을 자유를 갖게 되었고, 사랑은 진짜 감정과 가짜 감정으로 구분할 수 있었다. 진짜 감정이 곧 진짜 사랑이라는 인식이 만들어졌다. 진짜 사랑을 위해 죽음을 불사할 필요가 생겼던 것이다.

　　낭만적 사랑의 원형은 '트리스탄과 이졸데' 이야기에서 찾아볼 수 있다. 켈트족 신화인 이 이야기에서 사랑의 고통은 삼각관계로 인해 일어난다. 이졸데 공주는 마크 왕과 정략결혼을 해야 하는 상황에서 하녀의 실수로 사랑의 묘약을 마시고 트리스탄과 운명적 사랑에 빠진다. 이졸데 공주와 트리스탄은 각각 다른 사람과 결혼하여 타국 땅에서 살아가면서도 서로를 잊지 못하고 사랑을 지속한다. 트리스탄은 전투에 나갔다가 깊은 상처를 입고 돌아와 이졸데 공주를 불러달라고 자기 부인에게 부탁한다. 이졸데 공주가 배에 타고 있으면 하얀 돛을 달고, 이졸데 공주가 타지 않았다면 검은 돛을 달아달라고 말이다. 이졸데 공주는 트리스탄이 죽어간다는 말을 듣고 그를 만나러 배를 타고

온다. 그러나 부인은 질투심 때문에 트리스탄에게 검은 돛을 단 배가 오고 있다고 거짓말을 한다. 트리스탄은 깊은 절망감으로 그대로 죽어버리고, 이졸데 역시 트리스탄의 시신 옆에서 자살한다. 후대에 두 사람의 묘지에서 넝쿨이 자라나 서로 하나가 되었다는 것으로 이 이야기는 끝난다.

낭만적 사랑의 핵심 코드는 진짜 감정, 진짜 사랑이다. 트리스탄과 이졸데는 각자 배우자가 있지만, 이들의 사랑은 현실적으로 불가능하다. 가짜 사랑이기 때문이다. 트리스탄과 이졸데 이야기가 낭만적 사랑의 원형이 될 수 있었던 것도 이들의 사랑이 진정한 사랑이라는 당대의 해석이 존재했기 때문이다. 낭만적 사랑은 트리스탄과 이졸데의 사랑이 진짜인 이유를 영원한 사랑, 변하지 않는 사랑에서 찾는다. 가짜 사랑은 변하는 사랑이다. 누구와 살든, 어디에 있든, 무엇을 하든 간에 두 사람의 사랑은 끝까지 유지되어야 한다. 트리스탄과 이졸데는 현실에서 이루어질 수 없는 상황에서도 사랑을 끝까지 지속했고, 사랑의 결속감이 약해진 적이 없으며, 현실에서 이룰 수 없는 사랑을 죽음을 통해 완성한다. 이들의 사랑은 시간에도 침식당하지 않고 그 강도를 유지했다는 점에서 다이아몬드처럼 굳센 진짜 사랑을 했다고 보았던 것이다. 그러나 이들의 진짜 사랑이 가능했던 것은 사랑을 이념화했기 때문이다. 사랑이라는 지고지순한 가치를 어떻게 간직하고 실현할 것인가가 사랑의 전부였으며, 삶의 목표였다.

낭만적 사랑에서 시간은 중요한 의미를 갖는다. 여기서 시간은 인간과 세계를 변화시키는 시간이 아니라, 모든 것을 보존하는 영원한 시간이다. 이졸데의 어머니는 마크왕과 정략결혼을 하게 될 딸이 가여웠다. 그래서 사랑의 묘약을 마시게 하여 이졸데와 마크왕이 서로 사랑에 빠지게 하려고 하였다. 그러나 하녀의 착각으로 이졸데와 트리스탄이 사랑의 묘약을 마시게 된다. 이들은 사랑에 눈멀었으며, 사랑이 삶의 목표가 되었다. 그리고 처음 사랑에 빠졌을 때의 그 열정이 죽을 때까지 지속된다. 현대인들이 이 사랑을 아름답다고 생각하는 이유는 영원한 사랑의 가치를 중시하기 때문이다. 그러나 트리스탄과 이졸데의 사랑은 변화를 무시하기 때문에 비현실적이다. 처음 사랑에 빠졌을 때의 연인과 30년 사랑을 지속하는 오래된 커플의 감정은 다를 수밖에 없다. 감정의 색채가 달라졌을 수도 있고, 강도가 달라졌을 수도 있다. 그러나 트리스탄과 이졸데의 사랑은 처음부터 끝까지 다이아몬드처럼 변하지 않는다. 낭만적 사랑은 변화의 바람이 불지 않는 무풍지대, 영원한 시간이 흐르는 공간에서만 가능하다. 그러니 이들은 죽음을 통해서만 사랑을 완성할 수밖에 없다. 이때 사랑은 유토피아가 된다.

낭만주의는 현실세계를 부정하고 이상세계를 동경

한다. 낭만주의자에게 현실은 어두운 밤이며, 오직 저 멀리서 반짝이는 별만이 가치가 있다. 낭만적 사랑에서 낭만성은 이처럼 변하지 않는 사랑, 사랑의 유일무이함만이 별처럼 빛난다. 내가 사랑하는 상대는 오직 당신이어야만 한다. 트리스탄과 이졸데는 각자 결혼을 하고 다른 장소에서 살아가지만, 사랑은 유일무이한 것이기 때문에 둘은 헤어지지 않는다. 이처럼 낭만적 사랑은 과거의 열정적 사랑과는 다른 형태로 코드화되었다. 이 시대의 사랑의 코드는 열정에서 낭만으로 변화되었다.

자본주의와 사랑, 〈섹스 앤드 더 시티〉

근대 이후 사랑은 자본주의와 결합되었다. 사랑과 자본주의의 모순적 관계를 탁월하게 분석한 사회학자 에바 일루즈는 이 시기를 '감정 수행성 체제'에서 '감정 진정성 체제'로의 변화로 설명한다.[*] 먼저 '감정 수행성 체제'에서의 사랑은 빅토리아 시대의 사랑 이야기에 잘 나타난다. 19세기 초 제인 오스틴의 소설에서 사랑의 감정은 그 시대의 엄격한 예절 지키기를 통해 수행된다. 사랑은 그 시대의 예법에 맞게 규칙이나 기호로 표현되어야만 실현될 수 있었다.

[*]   에바 일루즈, 《사랑은 왜 아픈가》, 김희상 옮김, 2013 참조.

즉 사랑은 에티켓 매뉴얼대로 수행하는 것이었으며, 고도로 의례화된 형태로 코드화된다. 1897년 영국에서 발간된 에티켓 매뉴얼은 다음과 같은 규칙을 권고하고 있다.

> 신사가 숙녀에게 보여야 할 행동: 친하게 지내는 숙녀들을 콘서트나 오페라 혹은 무도회 등에 초대하는 것은 신사의 자유다. 집을 찾아가 정중히 모시며 젊은 숙녀들 모두의 사교 분위기가 편안하도록 배려해야 한다. 그때그때 초대를 받아들이거나 거부하는 것은 숙녀의 자유다. 그러나 젊은 신사가 오로지 단 한 명의 숙녀에게 집중하기 위해 다른 모든 숙녀를 무시한다면, 그는 숙녀에게 저 남자가 나에게 특별히 끌리는 모양이구나 하고 짐작할 실마리를 주는 셈이며, 이로써 숙녀는 남자가 아무 말도 하지 않았음에도 자신이 그의 약혼녀가 되어야 하는가 보다 하고 믿게 된다.

젊은 신사와 숙녀의 사교는 이와 같은 에티켓이 철저하게 지켜져야 했다. 무도회와 같은 여럿이 모인 공간에서 한 숙녀에게 특별한 배려를 하는 것은 약혼의 기호가 된다. 오픈된 공간에서 신사와 숙녀가 손수건 떨어트리기, 찻잔에 꽃 놓기, 손잡아주기, 편지 보내기 같은 세심한 감정 기호를 교환하면서 연애와 결혼이 성립된다. 굳이 말로

청혼하지 않더라도 암묵적으로 약혼이 성사된 것이나 다름없었던 것이다. 모든 사교적 행동은 특별한 의미를 담고 있었다.

제인 오스틴의 소설 《오만과 편견》에서 신사 다아시와 숙녀 엘리자베스는 무도회장에서 춤을 추면서 예의와 대화의 규칙을 통해 서로를 탐색하며, 평판에 기초하여 상대를 파악하려고 한다. 이들의 진지한 대화는 주로 엘리자베스의 집 거실에서 이루어진다는 것에서도 당대 감정 기호가 어떻게 수행되었는지를 알 수 있다. 에바 일루즈는 감정 수행성 체제에서 사랑과 결혼은 같은 계급끼리 맺어진다고 보았다. 19세기 뉴욕 상류층의 로맨스를 다룬 이디스 워튼의 소설 《순수의 시대》에서 명문가 출신인 변호사 아처는 약혼녀 메이와 그 사촌 올렌스카 백작 부인과 삼각관계에 놓인다. 이 소설은 연애, 사랑, 결혼이 당대에 어떻게 코드화되었는지 잘 그리고 있다. 주인공 아처는 성숙하고 독립적인 기혼녀 올렌스카 백작 부인과 사랑에 빠지지만 그녀는 보수적 인습으로부터 자유로운 여성이었기 때문에 사교계의 입방아에 오르내리는 존재였다. 결국 그는 약혼녀 메이와 결혼하는데, 이는 19세기 뉴욕 상류층에게 필요한 사회적 책임과 계급적 안정감 때문이었다. 이 시기 사랑은 수평적으로 이루어졌다. 결혼을 통해 계급사회가 유지되던 시대였다.

반면, 20세기 후반 '감정 진정성 체제'는 이전의 사랑 개념과는 다른 거대한 전환을 이루었다. 감정 진정성 체제는 다음과 같은 특징으로 나타난다. 첫째, 사랑의 규범 대신 감정의 진정성으로 중심이 이동된다. 둘째, 성적 매력이 두드러지게 되면서 섹스는 자본화되고, 결혼은 노동시장처럼 경쟁의 장으로 진입한다. 결혼은 《순수의 시대》보다 계층적으로 더 유연해지면서 계층 간 수평적·수직적으로 이루어진다. 결혼이 계급을 유지하면서도 동시에 계급적 기준을 교란했던 시대였다. 그것은 사랑이 감정의 기호화에서 감정의 진정성으로 변화되었기 때문이다. 사랑이 형식적으로 기호화되었던 데서 감정 그 자체가 중요해지기 시작한 것이다. 그럼에도 사랑의 감정은 이중적이다. 사랑은 돈이나 신분을 넘어선다는 관념과 함께 사랑이 섹스 자본과 결탁하면서 급격하게 결혼 시장으로 재편되었다는 것이 에바 일루즈의 진단이다. 영화 〈귀여운 여인〉(1990)에서 아름답고 섹시하지만 고급 콜걸인 비비안과 교양 있고 잘생긴 부자 에드워드의 사랑 이야기가 엄청난 흥행을 이룬 것도 감정의 진정성에 대한 믿음과 환상 때문일 것이다. 진정한 사랑은 콜걸도 백만장자와 결혼하게 한다는 판타지가 영화적으로 실현된 것이다.

전 세계적인 인기를 끌었던 미국 드라마 〈섹스 앤드 더 시티〉(2008)는 다채로운 사랑의 경쟁과 심리를 다루고

영화 〈섹스 앤드 더 시티〉 중에서

낭만적 사랑에 대한 끈질긴 판타지

현대의 여성들은 백마 탄 왕자가 신데렐라를 찾아 헤매는 동화가 현실에서 물거품처럼 사라졌다는 것을 잘 안다. 그럼에도 여성들은 낭만적 사랑을 완전히 포기하지는 않는다. 낭만적 사랑의 가치는 상품처럼 결혼 시장에 존재하기 때문이다. 현대의 사랑은 진정한 사랑의 감정과 결혼 시장이라는 코드가 맞물린 복잡한 상황에 처해 있다.

있다. 명품 구두를 신고 명품 가방을 즐겨 드는 파격적인 스타일의 지적인 여성 캐리는 구속적 관계를 싫어하는 매력적인 남자 미스터 빅을 사랑한다. 사랑은 화려한 외모와 섹시한 몸으로 표현되지만, 그녀의 사랑과 열정은 고통으로 남을 뿐이다. 빅은 캐리를 사랑한다고 말하지만 결혼하자는 말은 하지 않는다. 이 드라마에 등장하는 캐리와 친구들은 낭만적 사랑을 섹스 중심으로 이해하고, 결혼을 짝짓기 경쟁으로 생각한다. 한국에서도 이 드라마는 엄청난 인기를 누렸는데, 현대 여성의 삶과 사랑이 현실감 있게 그려졌기 때문일 것이다. 이제 결혼 적령기의 여성들은 백마 탄 왕자님이 재투성이 신데렐라를 찾아 헤맨다는 동화적 상상이 현실에서 물거품처럼 사라져버렸다는 것을 충분히 알고 있다. 그렇다면 돈, 미모, 직업, 드레스, 하이힐, 그리고 어느 정도의 지적 능력과 감수성(극 중 캐리의 직업은 에세이 작가다)을 가진 세련된 도시 여성이 되는 것이 무엇보다 중요하다. 매력적인 남성과 결혼하기 위한 무기가 될 수 있기 때문이다. 그럼에도 주인공들은 낭만적 사랑을 완전히 포기하지는 않는다. 사랑이 시장 질서의 궤도에 존재한다면, 그것은 상품 가치가 남아 있기 때문일 것이다. 이때 사랑은 상품이 아닌 진정성의 얼굴로 존재하는 것처럼 보일 뿐이다. 쇼핑백에 담겨 있지 않은 것처럼 연기하는 사랑 말이다. 현대의 사랑은 진정한 사랑의 감정과 결혼 시장이라는 이중적인 코드가 맞물린 보다 복잡한 상황에 처해 있다.

그렇다면 현대 이후의 사랑은 어떤 형태로 변화할까? 그것은 사회의 변화를 받아들이는 우리의 선택에 달려 있다. 사랑은 역사적으로 변화하지만 개인은 그 역사 안에서 사랑을 만들어나갈 수 있다. 인간이 역사의 포로는 아니기 때문이다. 문제는 사랑의 개념을 역사적으로 성찰하면서 어떻게 만들어나갈 것인가에 있다. 서구의 사랑의 역사에서도 알 수 있듯이 사랑은 사회 역사적 산물이다. 따라서 사랑은 변화한다. 지금 우리는 어떤 사랑의 과정에 있으며, 어떻게 사랑을 변화시켜나갈 것인가?

한국의 사랑의 역사

'연애'라는 번역어

서구의 사랑 형태가 이상적 사랑, 열정적 사랑, 낭만적 사랑, 자본화된 감정 진정성 체제의 사랑 순으로 변화해갔다면 한국의 사랑은 어떠했을까? 근대 이전 조선 땅에는 지금 우리가 생각하는 의미의 사랑 개념이 없었다. 조선에서의 사랑은 '애인愛人'의 의미였는데, 이는 '임금이 백성을 사랑하다'라는 뜻이었다. 그러므로 남녀가 손을 잡고 데이트를 하는, 우리가 알고 있는 사랑 개념은 존재하지 않았다. 그러다가 근대 초 영어 'love'가 일본을 통해 '연애戀愛'로 번역되어 한국에 전파되었다. 1920년대 김동인의 소설 〈마음이 옅은 자여〉에는 "Y는 나를 love한다. 오늘에야 그것을 알았다"라는 문장이 나온다. love라는 말이 생경하게 드러나 있다. 낯선 번역어였기 때문이다.

한국문학사에서 가장 유명한 소설가 중 한 명인 이광수는 근대의 사랑 이야기로 스타가 되었다. 이광수의 장편소설 《무정》은 1918년에 출판되었는데, 근대 초 청춘 남녀의 사랑과 갈등을 중심으로 근대국가 만들기에 사적 사랑이 내적 계기가 되는 계몽적 사랑을 강조하였다. 그럼에도 설렘과 갈등, 섹슈얼리티라는 멜로적 요소가 강한 사랑의 서사가 개입되어 있다.

이 소설이 문제적인 것은 독자들의 반응 때문이었다. 소설의 주인공들이 사랑 때문에 고뇌하고, 자유연애를 통해 결혼하는 과정은 그 자체로 '센세이셔널'하였다. 이 소설이 출간되던 때는 '남녀칠세부동석男女七歲不同席'의 원리가 지배하던 시절이었다. 남자와 여자는 일곱 살이 되면 서로 한자리에 앉을 수 없으며, 낯선 이들끼리 말도 나눌 수 없을 만큼 남자와 여자의 세계는 거대한 장벽으로 나뉘어 있었다. 데이트를 하거나, 자유롭게 대화를 나누거나, 손을 잡고 길을 걸을 수도 없었다. 사랑에 빠지기도 어렵지만, 설사 그렇다고 하더라도 자유롭게 결혼할 수 없었다. 이 시기에는 '조혼早婚'이 일반적이었다. 말 그대로 부모가 어린아이를 일찍 결혼시키는 제도였다. 아이들이 어릴 때 부모들끼리 서로 혼인시키자고 약속하면 아이들은 상대가 누구인지도 모른 채 결혼을 해야 했다. 그러니 결혼식 첫날밤에 서로의 얼굴을 처음 보는 신랑 신부는 부지기수였다. 조혼 제도는 연애와 사랑의 주체인 청춘들의 권리를 빼앗았고, 그렇게 사랑 없는 결혼을 함으로써 이뤄진 가정은 애정 없는 가정이 되기 일쑤였다. 가난한 남편들은 오랫동안 일자리를 찾아 떠나가 돌아오지 않고, 부잣집 도련님들은 일본으로 유학을 떠나 돌아오지 않아도 문제가 되지 않는 때였다. 그 시절에 이광수의 소설 《무정》이 신문에 연재되기 시작한 것이다.

한국의 청춘 독자들은 부모에 의한 결혼이 아니라, 사랑하는 사람을 스스로 선택하고 결혼할 수 있는 새로운 권리를 이광수의 소설에서 배우기 시작했다. 이른바 책에서 연애를 배웠던 것이다. 그리고 자유연애를 현실에서 실천했다. 독서 대중은 부모들의 결혼 명령을 무시하고 사랑하는 사람을 스스로 선택했다. 연애에 눈뜬 조선의 청춘들은 집을 뛰쳐나가 자기 삶을 스스로 결정하고 행동하는 근대적 개인으로 탄생하게 된다. 한 권의 책이 근대 초기 한국의 연애 풍속을 바꾸고 근대적 개인을 탄생시키는 계기가 되었다. 연애와 사랑 이야기가 결혼 제도를 바꾸고, 새로운 국가를 꿈꾸게 한 원동력이 될 만큼 사회적 사건이 되었던 것이다. 이후 연애는 개인적 선택이 아니라 자유연애사상의 지위로 승격된다. 수많은 청춘 남녀들은 연애를 단지 데이트 정도의 문제가 아니라, 자기 삶과 세계를 보는 시각인 근대인의 '사상'으로 심화했다.

Love is best

한국의 연애와 결혼이 대전환을 맞은 직접적 계기는 이광수의 연애소설이었지만, 이러한 변화는 일본으로부터 수입된 것이기도 했다. 이광수, 김동인과 같은 유학생들의 체험이 전해지면서 한국의 연애와 결혼의 지형에 변화가 일었다. 그러나 일본의 연애관은 일본적인 것이라기보다 서구에서 수입된 형태였다. 일본에서 연애나 사랑을 가리키는 말은 본래 없었으며, 전통적으로 '색色', '정情', '연戀'이 있었을 뿐이다. 'love'와 가장 유사한 말은 1887년 프랑스어 사전에 실린 'amour'의 번역어 '연애'였다고 한다. 서구어를 수입한 연애라는 말이 한국의 유학생들에 의해 한국에 재수입되는 과정을 거치면서 100년 전 한국 땅에서 연애와 사랑은 일대 전환을 겪게 된 것이다.

근대 초 일본에서 'Love is best'라는 말은 유행어였다. 1920년대 그 유명한 구리야가와 하쿠손이 《근대의 연애관》을 연재하였고, 이후 '자살자의 8할이 정사情死'라고 할 만큼 연애 때문에 자살하는 정사 붐이 이어졌다. 1908년 '바이엔煤煙 사건'은 근대 초 일본의 연애가 얼마나 센세이셔널한 것이었는지를 보여주는 사건이었다. 바이엔 사건은 모리타 소헤이와 히라쓰카 라이초의 정사 미수 사건이다. 1908년 대학을 졸업한 여인 히라쓰카 라이초가 자취를 감춘다. 이 사건이 세상의 이목을 집중시킨 이유는 이 여성이 고위 간부의 딸이자 당시에 드물었던 일본여자대학 졸업생이라는 것이 보도되었기 때문이다. 언론은 발견된 라이초가 혼자가 아니라 문학사 모리타 소헤이와 동행이었고, 정사할 장소를 물색하러 다녔다고 열띤 보도를 하였다. 일본의 국민 작가 나쓰메 소세키도 이 사건은 연애가 아니라 지적 투쟁에 지나지 않는 것으로 평할 만큼 유명한 사건이었다. 신문은 이 둘의 화제로 연일 떠들썩했다. 두 사람이 어떻게 만나 연인이 되었는지 라이초의 아버지 인터뷰를 싣고, 서로에게 보낸 편지가 공개되면서 보도 열기는 뜨거웠다. 처음부터 자살할 생각이 없었던 소헤이에 의해 정사는 실패했고, 이후 소헤이는 이 사건을 모티브로 고백 소설 《바이엔》을 연재하여 소설가로 성공했다. 일본에서도 정사를 받아들이기 어려운 시대이긴 했지만, 근대의 산물로서의 연애가 사회적 이슈가 되기에 충분했다. 1910~1920년대 일본은 연애 이론과 연애소설, 연애 스캔들의 전성기였다.[*] 이처럼 연애를 둘러싼 일본의 풍경이 식민지 조선에 영향을 미치던 시대였다.

강명화·장병천 정사 사건

이광수의 《무정》이 최초의 근대적 장편소설이라는 문학사적 사건 이상의 의미를 갖는 것은 당대 독서 행위가 연애라는 근대적 삶을 대중화하는 견인차 역할을 했기 때문이다. 1920년대에 이르러 한국의 연애는 보다 대중화되었는데, 그 대표적 사례가 '강명화·장병천 정사 사건'이다. 실화를 바탕으로 한 《강명화전》은 네 개의 딱지본 소설로 출간되어 불티나게 팔렸을 만큼 대중의 호응이 열렬했다. 1917년 이광수의 《무정》이 유학생이나 지식인 중심의 연애 이야기인 데다가 작가 특유의 계몽주의적 성격이 강해 아무래도 독자들이 제한되었을 것이다. 그러나 《강명화전》은 실화를 모티브로 했을 뿐 아니라, 용모가 빼어난 기생 강명화와 부잣집 도련님인 유학생 장병천과의 정사 사건은 대중들에게도 매력적이었다.

---

[*] 간노 사토미, 《근대 일본의 연애론》, 손지연 옮김, 논형, 2014 참조.

평양 출신 기생 강명화는 얼굴이 귀엽고 가무를 잘하던 경성 최고의 기생이었는데, 영남 갑부의 외아들 장병천과 사랑에 빠진다. 한강변에서 우연히 강명화를 보고 마음에 두게 된 장병천이 쌀쌀맞게 구는 강명화를 집요하게 따라다니며 구애를 했지만, 강명화는 쉽게 몸과 마음을 허락하지 않았다. 그러다 결국 강명화가 장병천을 받아들이고 둘은 백년해로를 맹세하는데, 기생인 강명화는 자신의 사랑을 보여주기 위해 긴 머리를 잘라 단발머리를 하고, 동경으로 갔을 때 유학생들이 찾아와 장병천을 기생놀음이나 한다고 폭행하려 하자 자신의 손가락을 잘라 진실한 사랑임을 증명하기도 하였다. 그러나 장병천의 부모가 끝내 이들의 사랑을 허락하지 않자, 강명화는 쥐약을 먹고 자살하고 장병천도 1년 후 자살했다는 이야기이다.

1923년 이 사건은 열띤 기사 경쟁으로 대중의 이목을 끌었으며 소설로 출간되었다. 뿐만 아니라 '강명화가歌'와 같은 노래로 불리기도 하였으며, 사건이 일어난 다음 해〈비련悲戀의 곡曲〉이라는 영화로 만들어질 만큼 1920년대 사랑의 아이콘이 되었다. 놀랍게도 이 이야기는 1970년대까지 한국의 대중문화에서 변용되었을 만큼 위력적인 사랑 이야기였다. 강명화 정사 사건이 한국인의 연애 서사의 문법이 되었을 법하며, 아직도 우리 사회에서 아름다운 사랑 이야기는 이 사건의 의미망에 있다고 보아도 좋을 것이다.

지난 6일 밤에 그는 장병천을 보고 몸이 불편하니 온양 온천에나 가자고 간청을 하였다. 그리하여 그 이튿날 아침 특별 급행으로 떠나게 되었는데 그는 평생에 입을 벌리지 않던 전례를 깨치고 장병천에게 옷감과 구두를 사 달라고 하였었다. 평생 돈 드는 이야기는 들어보지 못한 장병천이는 즉시 옥양목 의복 일곱 벌과 흰 구두를 사주었는데 그것이 그의 수의가 될 줄은 강명화 자기밖에는 아무도 몰랐었다. (……) 온천에 이른 강명화는 늘 자살할 기회만 타다가 마침내 10일 하오 11시경 몰래 사두었던 '쥐 잡는 약'을 마시었다. 약을 마시고 난 강명화는 즉시 장병천의 품에 안기어 "나는 벌써 독약을 마신 사람이니 마지막으로 안아나 주시오" 하였었다. 놀라운 소리를 들은 장병천과 마침 함께 있던 모 씨는 일변 의사를 불러 약을 토하게 하며 일변 경성으로 전보를 놓아 그 모친을 데려 내려갔으나 그는 드디어 11일 하오 여섯 시 반에 애인의 무릎을 베이고 이 세상을 떠났는데 그가 이 세상을 떠나는 마지막 순간에 장병천이가 "내가 누구인지 알겠나……" 물으며 그는 눈물에 젖은 야윈 낯에 웃음을 싣고 "세상 사람 중에 가장 사랑하는 '파건'……"이라고 일렀다. '파건'은 곧 장병천의 별호이니 그의 마지막 일념은 오직 '파', '건' 두 자에 맺히었던 것이다.

《절세미인 강명화전》(1935)의 표지

식민지 조선을 미혹한 근대적 사랑

1920년대 강명화의 사랑 이야기는 대중들의 입맛에 맞게 아름다운 외모와 섹슈얼리티를 내장하면서 순수한 사랑, 변치 않는 사랑, 희생적 사랑, 죽음을 통해 완성한 사랑이라는 기호로 유통되었다.

이 기사는 1923년 6월 16일자 〈동아일보〉에 실린 것이다. 기사라고 하기에는 주관적 감정이 많이 개입되었을 뿐 아니라, 사건 일지는 기자의 시선으로 쓰여진 것이라기보다 독자들의 궁금증을 풀어주기 위한 신파조 묘사에 가깝다. 이 이야기는 근대적 연애와 사랑이 어떻게 기호화되는지 알 수 있다. 강명화는 대중들의 입맛에 맞게 그녀의 아름다운 외모와 섹슈얼리티를 내장하면서 순수한 사랑, 변치 않는 사랑, 희생적 사랑, 죽음을 통해 완성한 사랑이라는 기호로 유통되었다. 내가 사랑하는 상대를 자유롭게 선택할 수 있는 근대적 주체는 자유로운 개인이었지만, 이들의 사랑은 '단둘이, 영원히'라는 서구의 낭만적 사랑을 먹고 자랐다. 기생과 대부호라는 신분적 위계가 결혼을 방해하지만, 사랑을 가로막는 장애물은 오히려 사랑을 풍선처럼 부풀어 오르게 하였다.

신문에서는 '애화哀話'라는 표제를 내걸고 죽음에 이르기까지의 사연을 극적으로 포장하였고, 강명화는 순결하고 헌신적인 사랑의 상징으로 부각되었다. 강명화가 결혼을 한 적이 있고 기생이라는 신분으로 살았던 것을 보면 지조와 순결의 상징이 되기 어려운 현실이었지만, 대중은 기생 강명화의 죽음을 순결한 사랑으로 받아들였다. 장병천 역시 자살을 택하기 전까지 실제로 문란한 생활을 했다고 알려져 있다. 그럼에도 이들의 사랑은 '정사'라는 이미지에 의해 아름다운 사랑의 결정체로 코드화되었다. 근대 이후 서구에서 만들어진 낭만적 사랑의 이념들이 자유사상과 결합하여 근대적 사랑의 표본으로 만들어졌던 것이다.[*] 거기에 대중적 통속성이 스며들어감으로써 강명화·장병천의 정사 사건은 1920년대 '연애'의 대중적 기호가 되었다. 이광수의 《무정》에 나타난 사랑하는 상대를 내가 선택할 수 있다는 계몽적 자유연애론은 1920년대에 이르러 영원한 사랑이라는 낭만적 코드가 결합되면서 대중적으로 확산되어갔다.

《무정》이 출판된 지 8년 후, 그리고 강명화·장병천 정사 사건이 일어난 지 3년 후인 1926년 8월 〈동아일보〉에는 다음과 같은 기사가 실렸다.

지난 3일 밤 11시에 시모노세키를 떠나 부산으로 항해하던 관부연락선 위에서 양장을 한 여자 한 명과 중년 신사 한 명이 서로 껴안고 갑판에서 돌연히 바다에 몸을 던져 자살했는데, 즉시 배를 멈추고 부근을 수색했으나 종적을 찾지 못했다.

[*] 권보드래, 《연애의 시대》, 현실문화, 2003 참조.

최초의 소프라노 가수로 유명했던 윤심덕과 전라도 부잣집 아들로 신극新劇 운동에 참여했던 극작가 김우진이 동반 자살했다는 소식은 전국을 떠들썩하게 했다. 이 자살 사건은 사랑을 통해 자유로운 근대적 개인이 어떻게 탄생하는가를 보여주는 실례다. 윤심덕은 우리나라 대중음악사에서 중요한 '사死의 찬미'를 부른 성악 전공 가수였다. "광막한 광야를 달리는 인생아"로 시작하는 노래 '사의 찬미'는 시대로부터 거부당한 비극적 여성의 목소리가 느껴진다. 조혼 풍습 때문에 일찍 결혼한 부잣집 도련님 희곡작가 김우진과, 활달한 성격에 서구형 미인이었던 소프라노 가수 윤심덕은 일본 유학을 하면서 서로 사랑에 빠진다. 그러나 이들의 사랑은 현실 속에서 이루어지기 어려웠다. 이들은 '내 배우자는 내가 결정할 수 있어야 한다'라는 생각이 관철되지 않자, 일본 시모노세키에서 출발하는 관부연락선을 타고 부산에 오다가 검은 파도가 일렁이는 현해탄에 몸을 던졌다. 서구에서 수입된 낭만적 사랑의 영원성이라는 관념에 '내 삶의 주인은 나'라는 근대 의식이 결합된 이 사건은 죽음을 통해 자신들의 사랑을 보존한 경우였다.

　　그러나 이들의 정사 사건은 강명화·장병천 사건만큼 대중들의 관심과 지지를 받지 못했다고 한다. 신문에서는 이들을 부둥켜안고 정사하는 섬사람의 풍속을 배워 온, 조선 혼이 빠져버린 천박한 인간으로 평가했다. 기생이었지만 신성한 연애의 주인공으로 칭송받았던 강명화에 반해 윤심덕의 결행은 일본 유학파 소프라노 가수였음에도 개인의 허영으로 매도되었다. 나아가 윤심덕과 김우진은 연애와 정사가 유행이었던 일본의 풍속을 흉내 낸 몹쓸 지식인으로 평가되었으며, 조선 사람의 명부에서 이들의 이름을 말살해버리자는 요구까지 있었다. 불과 3년 사이에 정사 사건이 반일 민족주의에 의해 혹독하게 단죄받게 된 것은 이해하기 힘들다. 1920년대 낭만적 사랑이 정점을 찍고 조금씩 다른 형태로 변화되기 시작했다는 징조였다. 1920년대 정사, 희생, 순결과 자유사상이 결합된 낭만적 사랑은 1930년대에 들어서면 사회주의 사상과 결합된 '붉은 사랑'의 형태로 강조점이 달라진다.* 그러나 1920년대에 형성된 낭만적 사랑의 코드는 여전히 한국 사회의 연애와 결혼을 구성하는 기본 구도로 작동하였다고 보아도 좋을 것이다.

이처럼 불과 90여 년 전 한국에서의 사랑은 지금과는 사뭇 달랐다. 연애와 사랑은 자연스러운 것이 아니라, 책에서 배우고 현실에서 실천해야 할 숭고한 사상이나 매력적인 대중적 기호로 형성된 것이었다. 강명화·장병천과 같이 사랑을 위해 가족을 버릴 수 있어야 하고, 사회적 시

* 권보드래, 앞의 책 참조.

선은 아랑곳하지 말아야 하며, 죽음을 통해서라도 백년해로 약속은 지켜져야 했다. 또한 윤심덕과 김우진처럼 바다에 몸을 던져 결혼 제도에 항거하면서 사랑을 완성해야 했다. 사랑은 당대 구습인 조혼을 거부하고 투쟁하면서 획득해야 할 중요한 가치로 여겨졌기 때문이다.

자유 부인과 맨발의 청춘들

그렇다면 근대화가 본격화된 시대의 사랑 이야기는 어떠했을까? 본격적 근대화가 이루어진 1950~1960년대의 사랑은 생각보다 보수적인 형태였다. 1920년대에 연애와 결혼이 기성의 제도와 투쟁해야 하는 격렬한 이념의 지평에서 이루어졌던 데 비해, 1950~1960년대에는 보다 자유롭고 개방적으로 변화된 것은 사실이다. 1920년대와 달리 사랑과 연애는 이제 어느 누구의 것도 될 수 있었지만, 그럼에도 사랑은 그 누구의 것이 되기에는 부족했다. 한국전쟁 이후 성도덕은 여전히 보수적인 측면이 강했다. 특히 여성들의 성도덕에는 자유의 바람이 불지 않았다. 가령 정비석의 소설 《자유 부인》은 영화로도 만들어질 만큼 대중적 인기를 모았다. 자유 부인에서 '자유'란 어떤 의미일까? 이 소설의 주인공 오선영은 대학을 졸업하고 대학 교수와 결혼한 가정주부인데, 양품점에서 일하게 되면서 독립적

활동을 시작한다. 직업을 가지게 된 오선영은 사교춤을 배우고, 양품점 주인의 남편과 호텔까지 가게 된다. 결혼 생활이 파탄 날 지경에 이르자 오선영은 과오를 뉘우치고 후회한다. 남편 장태연은 사실 호감을 가졌던 미모의 타이피스트 박은미와 데이트를 한 경험이 있었음에도 오선영의 참회를 무한한 아량으로 받아들이는 태도를 보이는 위선적 인물이다. 소설은 '스위트 홈'이 복구되는 것으로 끝난다.

이 소설에서 오선영에게 자유란 자율적 인간으로 성장하려는 욕망으로 나타나지만, 작가 정비석은 위태로운 탈선으로 묘사한다. 근대적 민주주의 교육을 받은 오선영은 직업을 가지고 사회생활을 하면서 폐쇄적인 가족의 울타리를 벗어나려고 한다. 하지만 곧바로 사회적 처벌을 받는다. 기껏해야 오선영에게 자유란 화장을 하고 거리를 활보하는 정도였다. '여자들이 외출을 위하여 화장을 할 때, 얼굴만을 화장하는 것이 아니라, 자유라는 화장품으로 마음조차도 화장을 하는 것'이라는 수준에서 자유는 허용되었다. '자유 부인'으로 명명된 오선영에게 자유란 자율적 개인이 되기 위한 모험의 실패로 의미화되었다. 여성의 자유는 "오직 '나의 집'만이 유일한 자유의 세계"로 재인식된다. 여기를 벗어나는 여성의 사랑은 가차 없이 철퇴를 맞았다. 대중적 인기에도 불구하고 퇴폐적이고 음란하다는 이유로 작가는 "중공군 50만 명에 해당하는" 국가의 적으로 평가받기도 했다. 이 시기 몸과 성은 이중적 기준으로 적용되었다. 여성의 성과 남성의 성, 자유주의와 반공주의라는 기준은 몸과 성을 위계화했다. 이 기준에 위배되는 여성의 성과 몸은 극단적으로 배제되거나 처벌되었던 것이다. 오선영이 그 대표적 사례였다. 자유 부인에게 자유란 역설적이고 제한적인 수사에 불과했다.

1960년대 초반 유행했던 청춘 영화를 보면 이 시기에도 사랑은 계급적 위계화의 구도 안에서 배치되고 있다. 신성일, 엄앵란 커플의 영화로 유명한 〈맨발의 청춘〉(1964)에서도 지고지순하고 순결한 사랑이 그려진다. 사랑은 계급을 초월하려는 욕망을 갖지만, 사회는 그것을 허용하지 않음으로써 이들의 정사는 순결하고 아름다운 것으로 신화화된다. 시골에서 올라온 건달 두수는 어느 날 부잣집 여대생 요안나가 깡패들에게 위협을 받자 구해준다. 그 일을 계기로 두 사람은 사랑에 빠지게 되는데, 요안나의 부모는 이들의 사랑을 반대하고 그녀를 태국으로 보내려고 한다. 그러자 두 사람은 시골 방앗간으로 도피하여 죽음을 택한다. 요안나의 호화로운 장례식에 비해 고아 출신 두수의 시신은 흙 묻은 맨발이 드러난 채 수레에 실려 간다. 〈맨발의 청춘〉이라는 제목은 그 장면에서 유래된 것이다. 이 영화에서 순결한 청춘들의 사랑은 몸과 성이 반쯤 가려진 채 표현되었으며, 계급적 차이를 극복하지 못하고 죽음을 통

영화 〈맨발의 청춘〉 중에서

계급적 차이에 가로막힌 60년대 청춘들의 사랑

실제로 부부가 된 신성일, 엄앵란 커플이 열연하여 유명해진 영화 〈맨발의 청춘〉에는 지고지순한 사랑이 그려진다. 사랑은 계급을 초월하려는 욕망을 갖지만, 사회는 그것을 용납하지 않음으로써 이들의 정사는 순결하고 아름다운 사랑으로 신화화된다.

해서 완성된다. 1920년대 사랑의 기호였던 순결과 정사가 여전히 반복된다는 점에서 사랑이 보수화되었다고 표현해도 과언이 아닐 것이다. 급격한 사회문화적 변동을 경험했음에도 불구하고 낭만적 사랑은 계급과 통속성에 갇힌 채 재생산되었다.

나는 레이스 달린 팬티는 입지 않는다

2000년대 사랑은 어떻게 변했을까? 일반적으로 '낭만적 사랑'은 계급과 기존 제도를 전복하려는 욕망을 가지지만 현실의 벽에 부딪혀 실패한다는 서사 구조로 짜여 있다. 그래서 사랑은 더욱 순결함과 영원함의 이미지로 부각된다. 1970~1980년대 근대화와 1990~2000년대 탈근대의 시간이 경과하면서 사랑은 여러 양상을 띠지만, 가장 주요한 코드화는 성과 결혼이 자본주의의 시장 안으로 재편성되는 과정이었을 것이다. 근대 서구의 사랑이 감정 수행성 체제에서 감정 진정성 체제로 전환되면서 겪는 변화와 같은 맥락에 있었다. 섹스는 자본화되고, 결혼은 수평적·수직적으로 유연하게 이루어지며, 결혼은 노동시장처럼 경쟁의 장으로 진입한다. 따라서 여성은 섹시함과 처녀성이, 남성은 직업과 비전이 자본으로 작용한다. 여성들은 결혼 시장에서 경쟁하기 위해 미모를 가꾸고, 처녀성을 의

도적으로 보존해야 했다. 사회의 진보로 인해 성은 개방되고 자유는 허용되었지만, 덕분에 결혼 시장에서 처녀성은 보다 희귀한 가치를 띠게 된 것이다.

정이현의 소설 〈낭만적 사랑과 사회〉는 한국 사회에서 연애와 결혼이 어떻게 자본화되는지를 역설적인 위트로 그려낸 흥미로운 소설이다. 이상적 사랑을 꿈꾸며 일탈의 욕망을 드러내던 과거 로맨스의 문법을 뒤집는 이 소설의 주인공은 현대 결혼 시장의 문법을 이용할 줄 아는 영리하고 발랄한 여대생이다. 주인공은 자본주의적이고 남성 중심적인 연애의 본질을 꿰뚫고 과감히 그 안으로 들어가고자 한다. 주인공 유리는 대학교 3학년 학생으로, 이른바 '조건 좋은' 남자와 결혼하기 위해 '십계명'을 세울 줄 아는 나름 영리한 여성이다. 십계명은 순수하고 낭만적인 사랑의 연인이 될 수 있는 조건을 갖추기 위한 전략이었다. 그녀는 다른 남자들과 연애를 하지만 '레이스 달린 팬티는 입지 않는다'라는 원칙을 반드시 지킨다. 물 빠진 누런 팬티를 입음으로써 끝까지 유혹에 넘어가지 않기 위한 전략인데, 목표는 처녀성을 보존하기 위한 것이다. 처녀성은 결혼을 약속할 만한 남자에게 줘야 하기 때문이다. 그녀는 드디어 미국 로스쿨에 다니는 부잣집 막내아들과 사귀게 되고, 청순하고 순결한 배우자감임을 증명하고자 한다. 그녀는 알고 있다. 그런 남자들과 함께할 수 있는 방법은 '연애'뿐이라는 것을 말이다. 연애의 핵심은 '낭만적 사랑'이기 때문에 그녀는 로맨스의 여주인공을 연기한다. 드디어 그와 그랜드 하얏트 호텔에서 첫날밤을 보내게 되지만 놀랍게도 혈흔이 발견되지 않았다. 유리가 순결한 처녀성을 가진 배우자감임을 수행하기 위해 세운 십계명이 있다. 샤워는 혼자서 남자보다 먼저 해라, 속옷 선택에 신중해라, 머리를 촉촉하게 적셔라, 배뇨감을 없애라, 은은한 화장을 해라, 적당한 시점에 타월을 깔아라, 조금 머뭇거려라, 엉덩이를 들지 마라, 모든 것을 그에게 맡겨라, 혈흔은 함께 확인해라. 그런데 '십계명'을 연기했음에도 처녀성을 증명할 수 있는 혈흔이 발견되지 않자 모든 꿈이 깨져버린다. 어떻게 이런 일이 일어날 수 있단 말인가. 나는 정신이 아뜩해진다. 혈흔은 순결의 흔적이자 최고의 신붓감이라는 징표이기 때문이다. 호텔을 떠나며 그는 내게 루이비통 백을 선물한다. 소설은 "유리의 성이 점점 멀어져 가고 있었다"라는 문장으로 끝난다.

이 소설에서 유리가 원하는 낭만적 사랑은 1920년대 강명화나 윤심덕이 도달하고자 한 욕망과 다르지 않다. 진실한 사랑은 제도와 계급을 넘어설 수 있는 위력을 가지는데, 그것이 사랑의 힘이라고 믿는다. 주인공은 현실에서 넘어설 수 없는 계급적 위계를 낭만적 사랑으로 극복할 수 있다고 생각하지만, 현실은 훨씬 교활하다. 2000년대 한국 사회에서 낭만적 사랑은 그렇게 순진하지 않기 때문이다. 〈낭만적 사랑과 사회〉는 현대 자본주의가 낭만적 사랑마저도 상품화된 고안물로 유통하고 있음을 역설적으로 표현한다. 근대 초기의 낭만적 사랑은 정사와 순결, 죽음으로 신화화되었지만, 2000년대 낭만적 사랑은 여전히 살아남아 자본주의의 질서 속으로 편입되었다. 낭만적 사랑은 힘이 세다. 사랑은 자유, 평등과 같은 이념과 결합되면서 점차 진보의 방향에서 변화되었지만, 여전히 성찰과 비판의 대상이기도 하다. 우리의 사랑은 얼마나 자유로운가? 얼마나 평등한가? 얼마나 좋은 삶을 지향하는가?

사랑의 역사를 더듬어보는 일은 과거 사랑의 이야기가 어떤 특징을 가지고 코드화되었는지, 그리고 어떤 지점에서 변화가 있었는지, 당대인들의 삶을 어떻게 구조화했는지를 분명하게 보여준다. 역사를 통해 현재 우리의 사랑이 어떤 점에서 긍정적이고 어떤 점에서 부정적인지 꼼꼼히 따져볼 수 있는 계기를 제공한다. 사랑은 사람들의 삶의 형태를 변화시키면서 역사적으로 변모했다. 그 시대를 살아갔던 연인들은 지금과는 다른 사랑의 관념 때문에 고뇌했으며, 그것을 기초로 변화했다. 사랑의 개념은 변한다. 그렇다면 새로운 현재의 사랑은 어떻게 발견하고, 미래의 사랑을 어떻게 변화시켜야 할까?

낭만적 사랑은
사랑을 억압한다

사랑의 역사에서도 알 수 있듯이 현대의 사랑을 지배하는 형태 중 하나는 낭만적 사랑이다. 낭만적 사랑은 근대 초 서구에서 발생했지만, 일본과 아시아에 수입·번역되었다. 정이현의 2000년대 소설 〈낭만적 사랑과 사회〉에서처럼 최근 한국 사회에서도 낭만적 사랑의 원리가 어떤 방식으로든 작동되고 있다. 역사적으로 낭만적 사랑은 이상적 사랑, 열정적 사랑 후에 18세기를 기점으로 자본주의와 함께 발흥하였다. 그럼에도 낭만성과 결합된 사랑은 끈질긴 생명력으로 사회와 문화, 가족, 감정에 개입한다. 후기 자본주의 시대에까지 살아남은 낭만적 사랑을 어떻게 이해하고 취급해야 할까? 필자는 낭만적 사랑을 비판적으로 접근하고자 한다. 낭만적 사랑이 원리가 될 때 사랑은 연인들의 삶에서 유리되고, 관계를 파멸로 이끌 수 있다. 아름다운 사랑, 이상적 사랑, 순결한 사랑, 영원한 사랑이라는 가치가 삶의 우위에서 작용하게 되면 사랑은 삶을 억압한다. 그리고 연인들은 사랑의 감옥 안으로 들어가 자유와 해방이라는 가치를 잃게 된다. 낭만적 사랑을 비판적으로 성찰할 필요가 여기에 있다.

저 멀리서 반짝이는 별

낭만적 사랑은 이상을 추구한다. 낭만적 사랑의 특징

은 역설의 에너지들이 내장되어 있다는 것이다. 사회학자 니클라스 루만에 따르면 전형적인 낭만주의적 역설은 떨어져 있음으로써 사랑에 눈뜨고, 체험하고, 향유하게 된다고 말한다. 즉 거리 두기를 통해 사랑은 더 열정적인 것이 되며, 이상적인 것으로 승화된다. 낭만주의는 저 멀리 빛나는 별에 대한 동경을 최고 가치로 여긴다. 거리가 멀면 멀수록 별빛은 더 영롱해지고, 손에 쥘 수 없기 때문에 더 가치가 있으며, 현실에 없는 것이기 때문에 갈망의 대상이 되는 것이다. 낭만적 사랑 역시 마찬가지다. 사랑은 현실에서 쉽게 이루어질 수 없는 것이어야 한다. 누구나 쉽게 할 수 있는 사랑은 오염된 사랑이다. 돈과 계급을 초월하는 사랑, 무결점의 순수가 유지되는 사랑, 자기를 과감히 던지고 헌신하는 사랑, 언어와 국가를 뛰어넘는 사랑, 죽음을 넘어서는 사랑, 영원히 지속되는 사랑이 '진짜' 사랑이라고 여긴다. 이것은 사랑을 이상화된 사랑, 이념화된 사랑으로 인식한 결과이다. 그러나 이념화된 사랑은 삶을 억누른다. 내 앞에 존재하는 상대를 사랑하는 것이 아니라, 사랑 그 자체를 사랑할 때, 사랑은 현실에서 이루어지기 어렵다. 그것은 신이나 초자아의 명령처럼 우리의 삶에서 유리된 채 저 높은 곳에서 명령한다. 사랑하라고 말이다. 그리고 저 멀리 물러나 별처럼 반짝일 뿐이다.

다른 누군가의 모습이 이웃집의 그림자 속에서 나타났고, 호주머니에 두 손을 넣은 채 서서 은빛 후춧가루를 뿌려 놓은 듯한 별들을 바라보고 있었다. (……) 은연중에 나도 바다를 바라보았다. 멀리서 조그맣게 반짝이는, 분명 부두의 맨 끝자락에 있을 단 하나의 초록색 불빛 외에는 어떤 것도 보이지 않았다.

스콧 피츠제럴드의 소설 《위대한 개츠비》에서 주인공 개츠비가 처음 등장하는 대목이다. 화자인 닉은 은빛 후춧가루를 뿌려놓은 듯한 별들을 바라보다가 어두운 바닷가 저 멀리 반짝이는 초록 불빛을 응시하는 개츠비를 발견한다. 개츠비는 그런 사람이다. 어두운 밤하늘에서 별빛을 바라보고, 저 멀리 닿을 수 없는 과거의 사랑을 응시하는 인물이다. 개츠비는 이미 과거가 되어버린 사랑을 현실에서 다시 이루려는 욕망의 소유자라는 점에서 역설적으로 '위대하다'. 1920년대 미국 사회를 배경으로 한 이 소설은 순수한 사랑이라는 환상을 좇다가 총에 맞아 죽어가는 개츠비를 그리고 있다. 피츠제럴드는 별과 초록색 불빛을 응시하는 개츠비를 등장시킴으로써 낭만적 사랑의 환상과 비극성을 대조적으로 보여주고 있다.

그러나 사랑은 저 멀리서 빛나는 별이 아니라, 현실의 삶 속에서 연인의 공동체를 이룰 수 있어야 한다. 여기서 공동체적인 것이란 지배자인 우두머리가 없고, 이미 주어진 강령도 없는 자유롭고 협상 가능한 관계-장소를 말한다. 이 사랑의 장소를 어떻게 만들어야 하는가? 사랑의 입법자는 연인들이 되어야 한다. 사랑하라는 정언명령을 따르는 이행자가 아니라, 스스로 사랑의 원리를 만들고 현실화할 수 있는 사랑의 입법자가 되어야 한다. 사랑이 아름다운 것은 연인들이 더 좋은 삶을 살도록 변화시키며, 자폐적인 단독자의 한계를 넘어서 자유와 해방의 조건을 제공하기 때문이다. 트리스탄과 이졸데의 사랑과 죽음이 아름답고 이상적으로 보일지는 몰라도, 그들은 함께 밥을 먹고 서로 싸우기도 하는 현실 속에서 향유할 수 없는 사랑을 추구한다. 그것은 좋은 사랑인가? 사랑의 실용적 가치를 말하는 게 아니다. 사랑하면 오랜 산다느니, 건강하게 산다느니, 좋은 호르몬이 나온다느니, 집중력이 좋아진다느니, 치매를 막는다느니 하는 실용적 가치가 아니라, 사랑의 현실적 향유에 대한 것이다. 사랑을 이상화하는 것은 사랑을 유토피아로 만들기 때문에 사랑은 현실에서 유보될 뿐이다. 유토피아utopia란 현실에서는 없는 곳을 말한다. 유토피아는 세계를 이분화한다. 없는 곳과 있는 곳, 갈 수 없는 곳과 갈 수 있는 곳, 이상적인 곳과 부조리한 곳, 순수한 자연 세계와 지저분한 인간 세계로 끝없이 이분화된다. 물론 유토피아 의식은 현실이 나아갈 바를 알려

영화 〈위대한 개츠비〉(2013) 중에서

황금 모자를 쓰려무나, 그래서 그녀의 마음을 움직일 수만 있다면

피츠제럴드는 닿을 수 없는 옛사랑을 은유하는 별과, 현실에서 그 사랑을 다시 이루려는 욕망의 초록색 불빛을 차례로 응시하는 개츠비를 등장시킴 으로써 낭만적 사랑의 환상과 비극성을 대조적으로 보여준다.

주는 이정표가 될 수도 있다. 또한 미래의 에너지를 현실로 소환하여 현실을 더 풍요롭게 만들 수도 있음을 부인하지 않는다. 혁명가들은 어떤 점에서 낭만주의자들이거나 유토피아주의자들이었다. 미래에 올 더 나은 세상을 위해 오늘을 살아갔기 때문이다. 그러나 유토피아는 현재를 끊임없이 미래로 유보한다. 우리 모두가 혁명가가 되어 미래를 살 필요는 없지 않겠는가?

유토피아를 포기하라는 것이 아니라, 유토피아를 현실에서 발견하고 생성할 수 있어야 한다는 것이다. 현실 어딘가에 숨겨져 있는 유토피아적인 것, 지배적이고 동질적인 호모토피아homotopia에 이의를 제기하는 이질적인 공간. 목요일 오후 부모의 커다란 침대에서 아이들이 대양을 발견하고 헤엄치는 곳, 하늘이 되기도 할 뿐 아니라 숨을 수 있는 숲이며 유령이 되기도 하는 쾌락의 공간과 같은 곳. 미셸 푸코는 그것을 헤테로토피아hetrotopia라고 하였다.* 헤테로토피아는 이질적이고 양립 불가능한 것들이 겹쳐지는 장소이다. 즉 위치를 가지는 유토피아, 죽음이 현실화된 묘지, 오래된 페르시아의 전통 정원, 천 년 전의 물건이 있는 박물관 등이 좋은 예다. 사랑이 가치 있고,

* 미셸 푸코, 《헤테로토피아》, 이상길 옮김, 문학과지성사, 2014 참조.

우리가 필요로 하는 것이라면, 그것은 유토피아적이거나 호모토포아적인 것이나, 헤테로토피아적이어야 한다. 이상적 사랑에 대비되는 현실적 사랑이나 현실에 굴복한 지배적 사랑이 아니라, 이상적인 것이 현실 속에서 발견되고 발명되는 사랑이 우리에게 필요하다. 그러므로 현실적 사랑이라는 용어를 경제적 능력에 한정해서 말하지 말고, 아름다운 가치들이 현실 속에서 향유될 수 있는 사랑이라고 재명명하면 좋을 것이다.

트리스탄과 이졸데, 강명화와 장병천은 죽음 속에서 사랑을 완성하려고 했다. 죽음을 통해 낭만적 사랑을 완성하려고 한 것이다. 괴테는 《파우스트》의 마지막에서 "영원한 여성성은 우리를 저 높은 곳으로 데리고 간다"라는 유명한 말을 남겼다. 사랑은 우리를 저 높은 곳으로 데려갈 수 없다. 그때의 사랑이란 '영원한'이라는 수사가 붙을 때만 가능하다. 우리는 영원한 사랑이 아니라 현실에서 지속적인 사랑을 구축하고, 그것을 향유하는 둘의 모험을 추구해야 한다. 그렇다면 괴테의 '저 높은 곳'이란 연인들이 향유할 수 있는 오르가슴과 같은 것으로 생각할 수 있다. 우리는 그것을 소비하는 대신 사랑의 현실적 원리로 삼아 향유할 수 있어야 한다. 우리는 죽지 않고 살아서 사랑하기를 원한다. 그렇다면 낭만적 사랑이라는 가치는 재고되고 비판적으로 성찰되어야 할 것이다.

너와 내가 일심동체라고?

낭만적 사랑은 융합적이다. 사랑을 이상화하고 이념화하는 것은 연인들이 서로를 같은 존재라고 상상하기 때문이다. 즉 연인들은 서로를 동일한 존재로 생각하거나 그것을 목표로 삼으며, 그래서 한쪽이 다른 쪽을 장악하려고 한다. 일심동체란 말이 있다. 마음도 몸도 하나란 뜻이다. 예로부터 부부는 일심동체가 될 때 최고의 커플로 인정받았다. 그러니 가부장제하에서 연인*들은 남성을 기준으로 마음과 몸이 하나가 되도록 요구받았다. 하나의 기준을 마련한다는 것도 어불성설이지만, 남성이 그 기준점이 된다는 것은 오히려 사랑을 파괴하는 행위이다. 일심동체라는 사랑의 규율은 존중과 평등함의 내적 계기들을 무시하고, 둘 됨의 공동체성을 파괴한다. 가부장적 질서는 일심동체라는 사랑의 원리를 먹고 자라왔다. 그것은 폭력이자 인간성 말살에 가까운 제도임에도 불구하고, 여전히 사랑과 가부장제도가 긴밀하게 결합되어 있다는 것은 놀라운 일이다. 일심동체를 가치로 삼았던 과거의 연인들을 보라. 평등함과 차이가 사라진 결혼 생활은 깊이 모를 원한 감정과 불행감만을 남기지 않았던가? 21세기 현대의 연인들은

---

*   연인戀人이란 사랑의 관계에 있는 모든 커플을 지칭한다. 이성애자, 동성애자, 폴리아모리(다자간 연애) 관계의 사람, 부부 등을 포괄하는 용어로 사용할 것이다.

일심동체를 과거의 유물로 단정하고, 현재에는 개성과 차이를 인정하는 현대적 사랑을 하고 있다고 강변할지 모른다. 과연 그럴까? 그것은 감정의 교환 형태에서도 자주 나타난다. 내가 사랑을 10만큼 주었다면 너도 나에게 10만큼의 사랑을 주어야 한다. 감정도 선물도 시간도 에너지도 말이다. 그 균형이 깨지면 연인들은 내가 손해보고 있다는 불안감에 빠진다. 이것은 평등인가? 일심동체인가?

'헌신하다 헌신짝 된다'라는 말은 30년 전에도 있던 말인데, 요즘 어린 여고생들 사이에서도 나도는 것을 보고 놀란 적이 있다. '헌신하다 헌신짝 된다'에는 두 가지가 전제되어 있다. 하나는 여성이 남성에게 모든 것을 바쳐 헌신한다는 의미이고, 둘째는 그러다 헤어지게 되었을 때 남자는 도덕적으로 나쁜 배신자가 된다는 것이다. 연인 관계란 다이아몬드처럼 견고한 것이 아니어서 자주 헤어지고 다시 만난다. 이별은 상처를 주지만, 도덕적으로 나쁘다고 할 수 없다. 그런데 헌신하는 쪽에서 보면 상처 이상의 상처를 받게 된다. 왜냐하면 나의 모든 것을 사랑에 투자하고 헌신했기에 그것에 대한 보상을 받지 못했을 때 배신감의 크기는 이루 말할 수 없기 때문이다. 남성을 기준으로 사랑이 이루어진다면 그것은 일심동체의 변형태이다. 일심동체란 하나 됨의 사랑, 융합적 사랑, 하나의 기준으로서의 사랑을 추구하게 되는데, 그것은 사랑을 왜곡한다. 연인 간의 차이와 타자성, 둘 됨이라는 공동체적 원리를 파괴하고, 연인들은 불평등과 피로감, 배신감으로 괴로워할 수밖에 없다.

《폭풍의 언덕》은 낭만적 사랑의 전형을 보여준다. 주인공들의 사랑이 비극으로 끝날 수밖에 없었던 이유는 사랑의 방식 때문이다. 캐서린은 히스클리프에 대한 사랑을 "그가 나보다 더 나 자신"이며 "그와 내 영혼은 같은 것"으로 여겼다. 히스클리프 또한 캐서린을 향한 사랑을 "땅 밑에 있는 영원한 바위"로 인식했다. 그럼에도 그들은 서로의 행복을 파괴하고 결국 비극적으로 죽게 만든다. 왜일까? 죽도록 서로 사랑했는데도 말이다. 그것은 배반과 복수 때문이 아니라, '융합적 사랑'에 집착했기 때문이다. 이들은 삶 속에서 형성되는 자기 정체성의 변화를 무시하고, 관계의 정체성을 새롭게 구성하지 않았다. 그리고 사랑의 가치를 복수와 죽음, 자기 파멸로 소진했다. 왜 사랑은 죽음을 통해 완성되어야 하는가? 왜 사랑을 부정성의 측면에서 바라보아야 하는가? 사랑을 유토피아로 생각하는 사람은 현실 속에서 사랑을 완성하지 못한다. 사랑이 행복하고 신비롭고 삶에 긍정적 에너지를 주는 좋은 가치라면, 그것은 현실 속에서 완성되고 실현되어야 하지 않겠는가?

사랑의 이야기 속 연인들은 열렬히 사랑했으나 상대의 정체성, 취미, 세계관, 언어, 남녀 차이, 미래적 삶에 대

영화 〈폭풍의 언덕〉(2011) 중에서

"나는 히스클리프야. 그는 늘 내 마음속에 있어."

어린 시절부터 캐서린과 히스클리프는 깊이 사랑한다. 그럼에도 이들은 서로의 행복을 파괴하고 비극적으로 죽게 만든다. 그것은 배반과 복수 때문이 아니라, '융합적 사랑'에 집착했기 때문이다.

한 어떤 고민도 나눈 것 같지 않다. 그리고 사랑이라는 블랙홀 속에 빠져 용해되어 사라져버렸다. 낭만적 사랑은 방해와 장애가 클수록 격렬한 감정에 휩싸이면서 사랑의 관계가 다이아몬드처럼 단단해진다는 환상을 제공한다. 현대의 숱한 멜로물이 여전히 이 구조를 취하고 있다. '내 눈에 흙이 들어가기 전에는 절대 허락할 수 없다'라는 완고한 부모나, 알고 보니 남매지간이었다는 숨겨진 비밀이 오히려 두 사람의 관계를 결속시킨다. 사랑은 고난과 시련을 통해 완성되며, 심지어 죽음도 그 사랑을 가로막을 수 없다. 오늘날 막장 멜로드라마가 인기 있는 이유는 18세기에 형성된 낭만적 사랑의 관념에 현대인들이 여전히 동의하기 때문이다.

앤서니 기든스에 따르면 낭만적 사랑은 투사적 동일시(융합적 사랑)에 의존하는데, 타자와의 일체감을 창조한다고 한다. 따라서 기든스는 낭만적 사랑이 친밀성에 의존해서 지속되는 관계의 발전을 방해하며, 남성/여성의 권력관계가 비대칭적이어서 여성을 종속시킨다고 비판한다.* 그는 낭만적 사랑이 사랑의 초기 증세를 강조하고, 연인들의 관계를 불평등하게 유지하면서 파트너를 종속시킨

---

* 앤서니 기든스, 《현대 사회의 성 사랑 에로티시즘》, 배은경·황정미 옮김, 새물결, 2001 참조.

다고 평가한 것이다. 융합적 사랑은 상대를 나와 같은 존재로 만든다는 점에서 나르시시즘(자기애)으로 변질된다. 나와 같은 존재를 사랑하는 것, 그것은 사랑인가? 둘 됨의 복수적 공동체의 경험이 사랑이라면, 엄밀한 의미에서 융합적 사랑은 사랑의 핵심이 아니다. 그것은 자기에 대한 사랑이지 타인에 대한 사랑이 아니기 때문이다. 그것은 사랑의 왜곡이다.

어떻게 사랑이 변하니?

낭만적 사랑은 영원성을 추구한다. 낭만적 사랑을 추구하는 연인들은 영원한 사랑을 최상의 가치로 여긴다. 켈트족의 전설에 불과했던 트리스탄과 이졸데의 오래된 이야기가 현대에까지 살아남아 낭만적 사랑의 원형이 된 이유는 어디에 있을까? 아마도 진정한 사랑은 변치 않고 영원해야 한다는 생각에 현대인들이 동의하기 때문일 것이다. 우리가 아름다운 사랑이라고 생각하는 이야기는 '사랑에 빠진다-사랑의 방해물이 곳곳에 있다-사랑은 견고해진다-커플들은 죽는다-사랑은 영원히 지속된다'의 구조로 짜여 있다. 사랑에 빠진 커플들이 자신들의 사랑을 허락지 않는 세상을 등지고 영원한 사랑의 왕국을 건설하는 것이다. 영원한 사랑의 왕국은 죽음이나 기억을 통해 만들어진다. 우리가 알고 있는 커플들, 트리스탄과 이졸데, 로미오와 줄리엣, 베르테르와 로테, 강명화와 장병천을 보라. 이들은 현실 세계에서 이루어지지 않는 사랑을 죽음을 통해 완성하고자 하였다. 낭만적 사랑의 이야기에서 가장 중요한 모티브는 죽음이다. 죽음은 끝이 아니라 영원한 시간이다. 죽음을 통해 사랑은 돈이나 권력에 굴하지 않는 순수성, 몸과 마음의 순결성, 변하지 않는 사랑이라는 영원성을 확보한다. 그리고 이 이야기는 최고의 사랑으로 승격되어 사랑의 영원성을 사람들의 삶 속에 깊이 개입시킨다. 사람들은 변화하는 자기와 상대의 정체성보다 영원한 사랑을 우위에 둠으로써 사랑을 어렵게 만든다. 그러나 영원한 사랑은 불가능하다. 낭만적 사랑이 지향하는 영원성은 감정의 불변성과 같은 말이다. 처음 사랑에 빠졌을 때 느꼈던 황홀함의 감정이 변하지 않고 죽을 때까지 지속될 수 있는가? 사람은 삶의 과정 속에서 변하기 때문에 그것은 불가능하다. 따라서 사랑의 감정 역시 상황에 따라 변할 수 있다. 싫어질 수도 있고 더 좋아질 수도 있으며, 감정의 색깔이 달라질 수도 있다. 따라서 사랑의 감정과 관계가 변하는 것은 자연스러운 일이다. 그런데 영원함의 출발지가 사랑의 도입부라는 점에서 문제가 생기는 것이다.

《젊은 베르테르의 슬픔》의 주인공 베르테르는 로테와 처음 춤을 추었을 때의 기억을 사랑의 원형으로 생각한다. 그는 로테와 춤췄을 때 입었던 푸른 연미복을 낡을 때까지 입다가 마침내 똑같은 옷을 새로 맞추어 입는다. 그리고 땅속에 묻힐 때 푸른 연미복과 노란 조끼를 입은 채이고 싶다고 말했으며, 결국 자살할 때 그 옷을 입었다. 커플들이 이별 후에 사랑을 기억하며 잃어버린 연인에 대한 결핍을 애도하는 것은 당연한 일이다. 그러나 베르테르가 애도를 완성할 수 없었던 것은 로테와 처음 사랑에 빠졌을 때의 기억을 사랑의 기준점으로 삼았기 때문이다. 사랑이 막 시작되던 때의 감정은 황홀하고 강렬하다. 그러나 사랑은 변화한다. 사랑의 시작 부분은 오랫동안 지속되기 어렵다. 그것은 사랑의 배신이 아니라, 살아 움직이는 삶 속에 존재하는 사랑이기 때문에 그렇다.

생화학자들은 사랑에 막 빠진 사람에게서는 거의 화학 공장 수준으로 호르몬이 분비된다고 한다. 도파민은 사랑의 첫 단계에서 상대방에게 호감을 느끼게 하는 호르몬인데, 상대방의 얼굴만 보아도 행복하다고 느끼게 한다. 페닐에틸아민은 사랑에 깊이 빠졌을 때 분비되는 호르몬으로, 천연 각성제 역할을 할 만큼 큰 황홀감을 준다. 사랑에 빠진 연인들이 활기가 넘치고 쾌활해지고 즐거움을 만끽하는 이유이다. 옥시토신은 성적 흥분, 짝짓기, 오르가슴을 유발하는 호르몬이다. 엔돌핀은 사랑의 안정 단계에서 분비되는데, 몸뿐 아니라 마음으로 사랑을 느끼게 하는 행복

호르몬이다. 어쩌면 사랑은 호르몬의 효과인 만큼 물리적 작용이기도 하다. 사랑에 빠져 눈에 콩깍지가 씌면, 마음은 고삐 풀린 망아지처럼 날뛰고, 감정은 폭풍우 치는 바다의 파도로 일렁인다. 이성적이고 합리적인 뇌는 쓸모없게 되어 사랑에 막 빠진 사람은 속수무책이 된다. 그러나 비극적이게도 사랑의 호르몬은, 개인차가 있기는 하지만 30개월 정도가 지나면 대뇌에 항체가 생겨서 더 이상 분비되지 않는다고 한다. 눈에서 하트가 그려지고, 상대의 머리에 후광이 비치고, 온 세상이 찬란하게 빛나는 시간이 한정되어 있다는 말이다. 과학의 관점에서 본다면 사랑의 감정이 변하는 것은 자연스러운 일이다. 마치 모든 인간이 유아기를 지나 아동기와 청소년기를 맞이하는 것처럼 말이다.

사랑을 다룬 고전적 영화 〈봄날은 간다〉(2001)의 명대사 중 하나는 "어떻게 사랑이 변하니?"라는 말이다. 지방 방송국 프로듀서인 은수와 엔지니어 상우는 소리 채집 여행을 떠나면서 급격히 사랑에 빠진다. 상우는 사랑을 영원히 지속하고 싶어 하지만, 은수는 사랑이 변한다는 것을 잘 알고 있다. 다른 사람이 생겨 헤어지자는 은수의 말에 상우는 깊은 상처를 입은 채 묻는다. "어떻게 사랑이 변하니?"

사랑에 빠지면 이상하게도 사랑이 영원히 지속되기를 바라게 되며, 연인들은 내 사랑만은 그럴 것이라고 믿고 싶어 한다. 영화나 드라마에서 사랑 고백을 위해 다이아몬드 반지를 주고받는 장면을 자주 보게 되는 것도 같은 이유이다. 다이아몬드 반지는 사랑의 한정된 유통기한을 영원한 시간이라는 상자에 넣어 신선하게 보존하고 싶은 욕망을 물질적 이미지로 전환한 것이다. 사랑의 감정이 쉽게 변할 수 있다는 것을 경험적으로 잘 알고 있으면서도 말이다. 사랑에 막 빠진 사람들은 남녀노소를 불문하고 사랑은 변하지 않아야 하고, 너는 나를 '죽을 때까지 사랑해야 할 뿐 아니라, 사랑의 호르몬이 펑펑 분비되면서 생기는 사랑의 열정을 유지해야 진정한 사랑'이라고 믿기 시작한다. 그래서 상대가 관심을 늦추거나 바쁘다고 약속을 미룰 때, 이렇게 말한다. "너, 변했어!" "어떻게 사랑이 변하니?"

황홀함으로 정신이 혼미한 사랑의 초기를 기준점으로 놓는다면, 모든 사랑은 '변한다', '식는다'로 표현할 수 있다. 사랑에 막 빠진 초기에는 상대는 성스러운 존재처럼 후광이 나고, 연인과 함께하는 세상은 찬란하다. 그러나 연인들이 살아가는 세계는 변화하는 시공간이며, 사회와 역사가 아로새겨지는 구체적 삶의 세계이다. 그러한 세계에서 연인들의 정체성은 변화하고, 감정과 관계도 변화한다. 여기서 변화란 퇴색함이 아니라, 양상의 달라짐과 질적인 것의 변화무쌍함을 말한다. 그러니 사랑의 감정 역시 초기와는 달라진다. 초기 사랑의 세계는 오로지 그대만이 있는 세계인데, 이 세계에서는 먹고 자고 싸우고 일하는 사회적 관계가 삭제되기 쉽다. 그러므로 사랑은 변화하는 상황 속에서 반복해서 선언되고 새롭게 발명될 때 빛을 발한다. 베르테르가 행한 사랑의 오류는 첫눈에 반했다는 것이 아니라, 사랑의 기원을 첫눈에 반한 그때로 환원했다는 점을 상기하자.

> 베르테르는 그 옷을 입을 때마다 (그 안에서 죽어갈) 자신을 변장한 것이다. 어떤 모습으로? 황홀한 연인의 모습으로? 그렇게 해서 그는 황홀의 에피소드를, 즉 그가 처음으로 이미지에 의해 얼어붙었던 그 순간을 마술적으로 재창조해낸다. 그 푸른 옷은 그토록 힘차게 그를 가두어, 그리하여 주변의 모든 세계는 파기된다. 단지 우리 두 사람이 있을 뿐.

《사랑의 단상Fragments d'un discours amoureux》 (1977)에서 황홀함과 열정에 휩싸인 사랑의 주체의 언술 행위를 현상학적으로 서술한 롤랑 바르트는 베르테르의 사랑을 극찬하면서 사랑을 긍정하고자 한다. 바르트는 베르테르가 푸른 연미복과 노란 조끼를 입음으로써 사랑에 빠진 순간을 마술적으로 재창조해냈다고 분석한다. 그러나 마술적 재창조의 순간이 로테와 사랑에 빠졌던 순간이라는 점에서 문제적이다. 사랑의 기원은 처음 사랑에 빠져

온갖 호르몬이 솟구쳐 황홀감에 전율하는 특정 시간이다. 사랑은 삶 속에서 지속되지 못하고 처음의 순간으로 환원된다. 그는 정말 로테를 사랑한 것인가? 특정 순간에 박제된 로테를 사랑한 것인가? 사랑에 빠진 자신을 사랑한 것인가? 사랑 그 자체를 사랑한 것인가? 베르테르는 로테가 어떤 인간인지 알기나 할까? 베르테르와 모든 점에서 다른 로테의 개성과 차이를 탐구한 적이 있을까? 내가 보기에 그는 사랑에 빠져 더 깊어진 자신의 내면세계만을 탐색한 것 같다. 그러니 살아서 변화하는 로테를 베르테르는 감당하기 어려웠을 것이다. 결국 자신의 감정을 영원히 보존하기 위해 자살에 이르렀다. 바르트는 사랑의 최고점에서 황홀함과 쾌락, 고통과 상념에 휩싸인 사랑의 주체가 파편적으로밖에 말할 수 없는 사랑에 대해 다루었다. 그러나 그 사랑은 사랑의 정점에 있는 자의 목소리이다. 그것은 낭만적 사랑의 한순간을 포착한 것이다. 우리의 사랑은 삶 속에서 지속될 수 있는 타자와의 관계에 대한 것이어야 한다. 즉 어떤 사랑인가가 중요하다.

베르테르의 푸른 연미복은 "힘차게 그를 가두"고 "주변의 모든 세계는 파기"함으로써 "단지 우리 두 사람이 있"는 세계에 거주하게 하는 문학적 장치이다. 베르테르가 추구한 영원한 사랑이란 단둘만이 머무는 폐쇄적 공간이다. 둘만의 왕국에 영원히 머물고자 하기 때문이다. 이때 사랑은 빈약해진다. 둘만의 정원에서 꽃을 피우고 열매를 맺으며 그 달콤함을 향유할 수 있을 것 같지만, 사랑의 정원은 사회와 역사로부터 단절되면 시들어가기 마련이다. 사랑의 정원은 비와 햇빛과 바람과 물이라는 외부적 자양분으로 풍요로워질 수 있다. '단 둘이서만 영원히'라는 낭만적 사랑의 이념은 연인들을 억압한다.

삶의 테크닉으로서의 낭만적 사랑

그럼에도 낭만적 사랑에서 남겨야 할 것이 있다면 무엇일까? 낭만적 사랑은 18세기 후반 산업 자본주의와 함께 발흥하였다. 이전의 '열정적 사랑'이 귀족들 간의 연애 형태였다면, 귀족주의가 몰락하면서 열정 대신 낭만이 자리 잡았다. 중세 귀족들은 아내와 정부를 두고 결혼과 사랑을 다른 곳에서 분리하여 유지했다. 귀족과 정부 간의 사랑은 열정이라는 감정을 기반으로 이루어졌다. 귀족 사회가 몰락하면서 사랑은 열정에서 낭만으로 코드화되었다. 18세기 부르주아들은 귀족들의 사랑을 부도덕한 것으로 비판하면서 사랑(섹슈얼리티)과 결혼을 결합한 낭만적 사랑의 주인으로 등극한다. 즉 결혼-섹슈얼리티-사랑이 일치된다. 결혼한 아내는 가정의 주인이자 섹스 파트너였다. 법적 권리와 사랑의 권리를 모두 가질 수 있었다. 낭만적 사랑은 사랑하는 사람과 결혼해야 한다는 자유연애를 주장하게 된다. 사랑의 감정은 외부적인 것들로부터 침해받지 않을 자유를 갖게 되었고, 사랑은 진짜 감정과 가짜 감정으로 구분되어야 했다. 진짜 감정이 진짜 사랑, 진짜 결혼으로 이어져야 한다는 관념이 만들어졌다. 이후 서구에서 만들어진 낭만적 사랑의 개념은 일찍 근대를 맞이했던 일본을 통해 한국으로 수입, 번역된다. 자본주의와 낭만적 사랑이 결합된 형태가 오늘날의 사랑이 통용되는 방식이다. 앞서 낭만적 사랑을 이상적, 융합적, 영원적이라는 관점에서 비판했지만, 그럼에도 낭만적 사랑을 모두 버리자고 말하는 것은 아니다. 발생적으로 보자면, 낭만적 사랑에는 탁월한 가치들이 내장되어 있기 때문이다. 낭만적 사랑이 열정적 사랑을 밀어내고 코드화되었던 이유는 사랑이 계급, 계층, 나이, 권력을 초월할 수 있는 강력한 힘으로 생각되었기 때문이다. 그 이전의 사랑과 결혼은 같은 계급끼리 수평적 관계로 이루어졌다. 그러나 낭만적 사랑은 계급이라는 높은 장벽을 넘을 수 있었다. 따라서 사랑은 기존의 시스템을 무너뜨리고 새로운 질서를 만들 수 있는 저항적 힘이었다. 낭만적 사랑은 한미한 시골 처녀가 귀족 남자와 결혼해서 행복하게 살 수 있는 방법을 제공하였던 것이다. 그러므로 사랑은 낡은 기성 체제를 무너뜨리는 순수한 힘으로 작용했다. 재투성이 고아 아가씨가 우여곡절을 겪으며 백마 탄 왕자님과 결혼한다는 이야기는 사랑의 감정이 계층 계급을 넘어설 수 있는 강력한 에너지를 갖는다. 여기서 낭만적 사랑은 저항의 원리로 작용한다. 돈과 권력에 순응하지 않는 새로운 관계로 설정되기 때문이다.

또한 낭만적 사랑은 연인들을 세계의 주인공으로 만든다. 사랑에 빠졌을 때 이 세상에는 오직 두 사람만이 존재하는 것 같은 환상이 현실화된다. 사랑의 콩깍지가 눈에 덮이는 순간 이 세상에 가장 아름답고 멋진 사람은 상대뿐이다. 예쁘지 않은 가난한 처녀와 돈이 없는 못생긴 남자가 만나도 서로에게는 최고의 공주와 왕자가 된다. 얼굴이 못생겨도 나한테는 세상에서 제일 멋져 보이고, 가난해도 나에게는 착하고 욕심 없는 사람으로 인식되며, 학교 성적이 나빠도 나에겐 유능한 삶의 해결사가 된다. 경쟁 사회가 부정적으로 바라보는 가치를 연인들은 장점으로 재발견하고 그것을 존중하기 때문이다. 사랑이 어려워도 포기할 수 없는 이유가 여기에 있다. 1등만을 요구하는 경쟁 사회는 현대인에게 '루저'가 되기를 강요하지만, 사랑의 관계 안에서 연인들은 서로를 최고로 인식한다. 경쟁 사회가 바라보지 못한 가치를 연인들은 서로에게서 발견하고 알려주며 아껴주기 때문이다.

낭만적 사랑이 갖는 난점에도 불구하고 왜 여전히 현대인들은 낭만성을 포기하지 않는가? 바로 돈과 권력으로

부터 순수한 영역을 구축하는 저항성과 연인들을 세계의 주인으로 붙잡아 세우는 주체성 때문이다. 그래서 현대의 연인들은 자본주의 시스템 속에서도 서로를 로미오와 줄리엣, 트리스탄과 이졸데, 히스클리프와 캐서린이라는 주인공으로 삼고자 하는 것이다. 낭만적 사랑은 사랑의 발생론에 해당하는 초기의 열병과 같은 열정을 원리로 삼는다. 그러나 앞서 말했던 것처럼 낭만적 사랑은 사랑을 억압한다는 점에서 비판받을 수 있다. 그럼에도 낭만적 사랑의 긍정적 가치들을 모두 버릴 수는 없는 노릇이다. 그것은 사랑을 풍요롭게 하는 테크닉으로 사용될 수 있을 것이다.

사랑의 감정을 사회학적으로 탁월하게 분석한 에바 일루즈는 사랑이 자본주의와 결합하는 과정에서 심각한 위협을 받고 있다고 진단한다. 열정과 같은 밀도 높은 감정의 상실이 문화적으로 심각한 손실이며, 감정이 식어버린 탓에 사람들은 상처를 덜 받을지는 몰라도 연인과 격정적으로 사랑하는 일이 오히려 어려워졌다고 판단한다. 그리고 "아픔 없는 열정적 사랑이란 있을 수 없으며 이 아픔을 두려워하지 말아야 한다"라는 말에 동의하면서, 새로운 형식의 열정적 사랑을 찾아내야 한다는 대안을 제시하였다. 결혼 시장과 구조 변화, 계급적 이동, 인터넷의 작동 방식 등 후기 자본주의의 구조 속에서 사랑(감정)이 어떻게 소비되고 작동되는지를 분석한 스케일에 비하면, 에바 일루즈의 대안은 실망스러울 정도로 소박하다. 열정적 감정을 소환한다고 해서 현대의 사랑이 순조롭지는 않을 것이기 때문이다. 과거의 열정적 사랑과 낭만적 사랑이 갖는 난점과 어려움을 동시에 성찰하지 않고, 열정과 낭만이라는 감정을 되살려 올 수는 없기 때문이다. 그럼에도 불구하고, 현대 자본주의적 사랑이 낭만적이고 열정적인 사랑의 감정을 차갑게 냉각하는 현상은 지배적이다. 현대의 일상 세계에서 낭만, 열정, 황홀감은 여전히 중요한 역할을 한다. 그것이 무의미하다는 게 아니라, 낭만적 사랑이 사랑의 핵심이 아니라는 것이다. 낭만적 사랑은 사랑이 시작되는 지점에 놓여 있다. 그것을 삶 전체로 확장하게 되면 사람들은 사랑을 어려운 것, 이 세상에 존재할 수 없는 것으로 생각할 수밖에 없다. 따라서 낭만적 사랑은 삶의 테크닉으로 활용될 가치가 있다. 가끔 삶에 지쳐 있을 때 장미꽃 한 다발이 우리를 감동하게 하고, 사랑을 재선언하는 소중한 기회일 수 있는 것처럼 말이다.

낭만적 사랑을 비판적으로 성찰한 지금까지의 논의에서 낭만적 사랑에서 남겨야 할 긍정적 계기들을 놓치지 않으려고 했다. 그렇다면 이제 남는 문제는 현대의 자본주의에 여전히 살아남아 있는 낭만적 사랑의 구조 속에서 우리는 어떻게 사랑할 것인가에 대한 방법과 그 방향성이다.

어떻게 사랑할 것인가?

하나에서 둘로

연애를 하다가 이별하거나 결혼했다가 이혼한 사람들에게 왜 헤어졌는가를 물으면 이구동성으로 대답한다. 상대를 잘못 만나서, 나와 맞지 않는 사람을 만나서 그랬다는 것이다. 나에게 '딱' 맞는 사람을 만났더라면 훨씬 행복했을 것이며, 파경까지 가지 않았을 것이라고 대답한다. 그러나 이 대답은 핵심을 완전히 빗나갔다. 사랑의 본질은 타자와의 친밀한 관계성에 있는데, 여기서 중요한 것은 내가 사랑하는 상대가 '타자'라는 데에 있다. 타자란 무엇인가? 앞서 해명했듯 타자란 나와 다름(타자성)이라는 본질적 특성을 갖는 존재이다. 타자란 주체가 장악하거나 소유할 수 없는 '다름' 그 자체이다. 동시에 타자는 자아의 감옥에서 해방시킬 수 있는 필수 요소이기도 하다. 정리하자면 타자는 나의 외부에 있는 다른 존재이면서 동시에 자아의 감옥에 갇힌 주체를 해방시킬 수 있는 긍정적 존재이다. 사랑은 동일성의 감옥에 갇힌 주체에 상처를 낸다. 그 상처의 자리에서 사랑, 연대, 관계가 싹튼다. 타인을 사랑한다는 것은 상대를 소유하고 나에게 일치시키는 것이 아니다.

나와 딱 맞는 사람은 애초에 존재하지 않는다. 설사 신이 그 한 명을 지구상에 만들어놓았다고 해도, 수십억 명 중에서 그를 어떻게 알아보고 찾아낼 수 있겠는가? 상대방은 나와 근본적으로 다른 존재고, 사랑에 빠진다고 해서 나와 같아질 수 없다. 같아질 수 있는 방법은 폭력밖에 없다. 나와 같아지는 것이 사랑이라고 강요하는 폭력 말이다. 그것이 앞서 비판했던 융합적 사랑이다. 나와 딱 맞는 사람을 찾는 것도 불가능하지만, 파경의 원인을 나와 맞지 않는 상대방에게서 찾는 것은 사랑의 핵심을 잘못 짚은 것이다. 물론 사랑이 깨진 거울처럼 조각난 데에는 상대방의 잘못도 분명히 있을 것이다. 그러나 문제의 모든 책임이 상대에 있지 않다.

우리가 사랑하는 타인의 얼굴은 어떠한가?

어둠 속에서도 불빛 속에서도 변치 않는
사랑을 배웠다 너로 해서

그러나 너의 얼굴은
어둠에서 불빛으로 넘어가는
그 찰나에 꺼졌다 살아났다
너의 얼굴은 그만큼 불안하다

번개처럼
번개처럼
금이 간 너의 얼굴은

김수영, 〈사랑〉

시인 김수영은 1960년 4·19 이후 좌절된 혁명을 성찰하면서 사랑의 문제에 천착하였다. 사랑의 하나 됨과 황홀함이 아니라, 타자의 발견에서 오는 새로운 형식이었다. 시를 보자. 사랑이 발생되는 지점은 나의 영역이 아니다. 사랑은 '너'로부터 시작된다. 내가 사랑하는 너의 얼굴은 잘 보이지 않는다. 사랑은 섹슈얼리티를 포괄한다는 점에서 몸과 몸의 연대이기도 하다. 그래서 가장 가까운 곳에서 타인의 얼굴을 볼 수 있다. 그럼에도 김수영은 너의 얼굴을 어둠 속에서도 불빛 속에서도 볼 수 없다고 한다. 그렇다면 언제 보이는가? 어둠에서 불빛으로 넘어가는 그 찰나다. 그때 너는 사랑의 평온함, 황홀함의 표정을 짓지 않는다. 너의 얼굴은 지극히 불안하다. 어둠에서 불빛으로 넘어가는 그 순간 번쩍하며 너의 얼굴은 금이 간다. 그것이 내가 사랑하는 너의 얼굴이다. 금이 간 채 불안을 저장한 너의 얼굴을 보는 것이 나의 사랑이라고 말한다. 이토록 사랑의 본질을 탁월하게 표현한 한국 시도 드물 것이다.

내가 사랑하는 너는 나의 손아귀로 장악할 수 없으며, 소유할 수 없는 존재다. 그래서 너의 얼굴은 잘 보이지 않는다. 그러나 완전히 감추어진 얼굴은 아니다. 어둠에서 불빛으로 넘어가는 짧은 순간에 볼 수 있다. 사랑은 이처럼 내가 예측할 수 없는 타자의 불안한 얼굴과 맞대면하는 것이다. 타자의 얼굴을 포착하지 못하면 사랑은 냉소적으로 변한다. 무라카미 하루키의 매력적인 소설집 《여자 없는 남자들》에서 주인공들은 사랑을 믿지 않거나 사랑에 실패한 남자들이다. 여자를 사랑하지 못하고 떠나보내거나 떠나온 것이다. 여자라는 타인의 얼굴을 포착하지 못하는 남자들의 이야기인데, 결국 타자인 여자가 누구인지, 도통 알 수 없다는 것이다. 역설적으로 말하자면 남자들은 여자가 누구인지 잘 알고 있었다. 알 수 없음, 모호함이 타자로서의 여성이기 때문이다. 하루키의 남자들은 금이 간 얼굴을 한 타자가 여자의 얼굴임을 알았으면서도 왜 여자를 잃었을까? 이 소설들은 어쩌면 사랑의 진리에 도달하는 방법을 알면서도 방황하고 실패한 남자들의 이야기라고 할 수 있다. 남자들은 타자의 얼굴을 한 여자를 사랑할 자신이 없거나, 사랑할 줄 모르거나, 아니면 궁극적으로 사랑의 개념을 잘못 인식하고 있었다. 하루키는 사랑에 대해 냉소적이다. 금이 간 타자의 얼굴을 긍정하지 않기 때문이다.

낭만적 사랑이 유포하는 하나 됨은 타인의 얼굴을 왜곡한다. 금이 가지 않은 온전한 얼굴만을 원하기 때문이다. 사랑은 하나가 아니라 둘 됨의 공동체다. 번개처럼 금이 간 얼굴을 맞대면할 때, 둘 됨의 공동체는 가능하다. 사랑의 철학자 알랭 바디우는 《사랑 예찬Eloge de l'amour》에서 사랑을 새롭게 제안한다. 그에게 사랑은 단순히 개인인 두 사람의 만남, 혹은 폐쇄된 관계가 아니라 무언가를 구축해내는 것이다. 하나의 관점이 아닌, 둘의 관점에서 형성되는 하나의 삶이다. 바디우는 이를 '둘이 등장하는 하나의 무대'라고 일컫는다.

그에게 사랑의 제1요소는 둘 됨이다. 이때 둘이란 타자와 맺는 복수적 관계인데, 레비나스적 의미인 외부적 타자와의 경험이 아니라고 단언한다. 그는 레비나스적 의미의 타인은 신적 매개를 통해 '전체-타자'가 된다고 강력하게 비판하였다. 그것은 타자를 위해 나 자신을 망각하게 하는 경험이기 때문에 융합적 사랑의 변형일 뿐이라는 것이다. 바디우는 서로 용해되어 하나가 되어버리는 사랑을 비판한다. 그에게 사랑이란 구분과 차이를 갖는 '둘 됨'을 지향하는 것이다. 둘은 하나의 무대 위에서 둘의 세계를 구축한다. 단지 둘의 경험을 소유하는 것이 아니라, 세계를 구축하는 지속적 실천이다.

흔히 연인들은 차이를 갈등으로 잘못 인식한다. 상대가 나와 의견이 다를 때, 연인은 나와 맞지 않는 사람을 만났다고 판단하고 불행감을 느낀다. '차이'는 사랑을 만드는 토대이자 사랑을 지속시키는 긍정적 계기다. 내가 소유할 수 없는 연인의 타자성(다름, 차이)을 존중하고 배려할 뿐 아니라, 그것이 동일성의 감옥에 갇힌 나를 해방하는 에너지임을 알고 적극 인정해야 한다. 그랬을 때 타자의 얼굴을 한 상대와 둘 됨의 공동체를 향유할 수 있는 무대를 구축할 수 있다. 서로에게 융합되어 소진되고 사라져버리는 사랑이 아니라, 차이, 개성, 분리를 내적 계기로 하는 사랑의 공동체를 지속적으로 구축해낼 때 사랑은 삶 속에서 향유될 수 있다. 연인들은 서로 질문해야 한다. 내가 사랑하는 너는 누구인가? 그리고 금이 가고 불안한 얼굴을 순간적으로 포착해낼 수 있어야 한다. 내가 바라보는 너의 얼굴은 어떤 얼굴인가? 사랑은 하나 됨이 아니라 둘 됨이다. 여기서 둘 됨이란 단지 숫자 2에 한정되지 않는다. 복수성으로서의 둘을 비유하는 말이다.

환상에서 지상으로

낭만적 사랑은 사랑을 유토피아적으로 배치한다. 이 세상에는 '진짜' 사랑은 존재하지 않으며, 그래서 사랑은 밤하늘 저 멀리에서 반짝이는 별이라고 생각하는 것이다. 사랑은 한껏 타올랐다 사그라지는 불꽃과 같다. 사랑과 죽음이 결합되는 것도 그 때문이다. 트리스탄과 이졸데의 죽음, 젊은 베르테르의 자살, 캐서린과 히스클리프의 죽음, 강명화의 음독자살, 윤심덕과 김우진의 정사, 개츠비의 죽음을 보라. 이들은 사랑의 고통 때문에 죽는 것처럼 보이지만, 사실은 사랑을 완성하기 위해 죽었다. 이들에게 죽음은 불완전한 사랑을 완전하게 보존하는 방법으로 선택된 것이었다. 낭만적 사랑은 이처럼 현실에서의 사랑을 유보하거나 억압한다. 사랑을 현재의 삶 속에서 어떻게 발견하고 발명할 것인가가 아니라, 이상 세계에나 있을 법한 환상으로 처리하기 때문이다.

영원한 사랑의 이념은 낭만적 자살과는 반대인 비극적 타살로도 나타난다. 그리스 신화에 나오는 영웅 이아손과 메데이아의 사랑은 피비린내 나는 복수극으로 끝난다. 용이 지키는 황금 양털을 찾으러 온 이아손을 사랑하게 된 메데이아는 마법과 주술을 부려 이아손을 돕는다. 게다가 아버지를 배반하고 동생을 죽이면서 이아손을 탈출시킨다. 이아손은 신 앞에서 그녀와 영원한 사랑을 맹세한다. 그러나 아들 둘까지 얻고 행복하게 지내던 이아손은 얼마 후 크레온의 딸 글라우케와 결혼해버렸다. 메데이아는 이아손의 배신에 분노하여 치명적인 복수극을 벌인다. 그녀는 독을 바른 옷과 머리띠를 선물로 보내 글라우케를 죽이고, 이아손에게 복수하기 위해 끔찍하게도 자신의 두 아들을 죽인다. 베르테르는 사랑의 고통을 자살로 표현하였지만, 메데이아는 복수극으로 표현했다. 사랑과 죽음이 다른 양상으로 결합되었지만, 두 형태 모두 영원한 사랑, 융합적 사랑이라는 이념에 압사당한 경우라고 볼 수 있다. 이상적 사랑은 연인들을 비극의 주인공으로 만든다. 사랑이 환상의 영역에서 삶의 영역으로 내려와야 하는 이유이다.

사랑을 긍정하기 위해서 말이다.

앞서 언급한 헤테로토피아적 사랑을 보자. 푸코의 공간 개념인 헤테로토피아는 유토피아에 반대되는 개념으로, 위치를 가지는 유토피아를 말한다. 사랑을 유토피아가 아니라 헤테로토피아로 사유한다면 우리에게 사랑은 어떻게 존재할까? 그것은 발견의 문제이다. 영화 〈뷰티 인사이드〉는 헤테로토피아적 사랑을 어떻게 발견할 수 있을까에 대한 아이디어를 제공한다. 자고 일어나면 몸이 달라지는 우진을 사랑하는 이수의 관점에서 사랑을 바라본다면 어떨까? 사랑에는 지속적인 것과 변화하는 것, 익숙한 것과 낯선 것, 따뜻한 것과 불편한 것이 병치되어 있다. 먹기만 하면 배가 아파 별로 좋아하지 않는 스파게티를 그녀가 좋아한다면 나는 불편할 수도 있지만 기꺼이 먹는다. 상대에게 나의 취향을 맞춰주는 것으로 보이겠지만, 비슷한 음식만을 고집하는 나의 식생활에 즐거운 파열구를 내면서 내 삶을 풍부하게 만들어주기 때문이다. 슈퍼 히어로 영화를 좋아하는 그의 취향은 코미디 영화를 즐겨보는 내게 헐리우드적 유머 감각을 알게 해준다. 내가 사랑하는 상대는 우진처럼 새롭고 낯선 정체성을 가진 존재다. 그것은 권태로운 일상을 새로움으로 변화시킬 수 있는 일상의 예술작품이다. 예술은 사물을 낯설게 볼 때 창조된다. 내 책상 위의 키보드가 핵분열하는 세포들로 보일 때 예술작품이 탄생된다. 사랑은 지루할 만큼 익숙한 세계를 낯설게 볼 수 있는 관점을 제공한다. 사랑은 어두운 하늘 저 높이 빛나는 별이 아니다. 그것은 바로 이 지상에서 번쩍이며 금이 간 얼굴로 다가오는 상대방을 새롭게 발견하는 일일 것이다. 사랑의 헤테로토피아는 익숙한 사랑의 공간에서 낯선 사랑을 발견할 때 가능하다.

밤하늘이 아니라 지상에 내려와 반짝이는 사랑은 순간성보다 지속성에 관심을 둔다. 그것은 '폴링 인 러브 falling in love'에서 '두잉 러브doing love'로 인식을 전환해야 한다는 말이기도 하다. 호르몬이 화학 공장 수준으로 솟구치는, 사랑에 막 빠진 연인들에게서는 도파민, 페닐아틸아민, 옥시토신, 엔돌핀 등이 분비되어 황홀감과 행복감을 선사한다. 이 호르몬은 거의 마약과 같은 효과를 보인다고 한다. 사랑의 초기 단계에서 맛볼 수 있는 감정은 불안을 동반하는 극단적인 황홀함을 느끼게 한다. 이것이 폴링 인 러브 상태이다. 그러나 이 사랑의 감정 상태는 오래 지속되지 못한다. 사랑의 초기 단계는 황홀하고 새롭지만 사랑의 원형이 아니다. 낭만적 사랑은 초기 단계의 사랑을 기본으로 삼기 때문에 지속으로서의 사랑을 억압한다. 초기의 사랑은 발생론적인 것이다. 그 이후의 사랑은 삶의 과정과 함께 전개된다. 예측 불가능하며 사회적 · 역사적인 것들이 뒤섞인 복잡한 일상의 영역에서 사랑은 지속성

영화 〈뷰티 인사이드〉

우리가 사랑하는 존재는 고정되어 있지 않다

영화 〈뷰티 인사이드〉는 일상에 숨겨진 채 공존하는 낯설고 다른 관계인 헤
테로토피아적 사랑을 발견할 수 있는 아이디어를 제공한다. 자고 일어나면
외모가 완전히 달라지는 남자 우진을 이수는 사랑할 수 있을까? 내면은 그
대로이되 외모가 매일 변하는 우진처럼, 사랑에는 지속적인 것과 변화하는
것, 익숙한 것과 낯선 것, 편안한 것과 불편한 것이 병치되어 있다.

의 영역으로 진입하기 때문이다.

'닥터 러브'라는 별명을 가진 알랭 드 보통의 《왜 나는 너를 사랑하는가》와 《낭만적 연애와 그 후의 일상》 사이에는 20여 년의 간극이 있다. 《왜 나는 너를 사랑하는가》가 사랑의 발생론에 해당한다면, 《낭만적 연애와 그 후의 일상》은 사랑의 일상적 지속성에 대한 이야기이다. 최초의 사랑의 선언과 지속적인 사랑의 발견 사이에는 20여 년이라는 시간적 성찰이 담겨져 있다.

《왜 나는 너를 사랑하는가》는 막 사랑을 시작하는 연인들이 신비한 우연을 필연적인 운명으로 연결 지으려는 노력이 묘사되어 있다. 알랭 드 보통은 우연한 만남으로 이루어진 연애를 낭만적 운명으로 해석하고자 한다. 클로이와 '나'는 브리티시 항공 보잉 767기에서 만났다. 그것은 우연인가? '나'와 클로이가 같은 비행기에 나란히 앉아 만날 수 있는 확률은 989,727 분의 1이다. 문제는 그들이 만났다는 사실이다. 이 사건이 일어날 가능성이 엄청나게 낮은데도 결국 일어났다면 그것은 운명론적 설명으로 가능하다고 작가는 믿고 싶어 한다. 그가 냉철한 지성의 소유자임에도 불구하고, 클로이와 만나 사랑에 빠진 이 우연성을 무엇으로 해명할 수 있을까? 우연을 필연적 운명으로 믿는 순간 사랑은 시작된다. 그리고 두 연인은 몸을 허락하고, 부엌을 공유하며, 딸기잼을 놓고 말다툼을 벌인다. 그들이 서로를 알아간다는 것은 위협적인 차이를 인식한다는 뜻이기도 한데, 그 차이는 국적이나 성, 계급이 아니라, 취향과 의견이라는 사소한 점에서 쌓여간다고 고백한다. 그리고 자신이 얼마나 폐쇄적인가를 성찰한다.

그러나 이 책은 '폴링 인 러브'에 집중하고 있다. 주인공들이 사랑에 빠졌던 것은 실수와 우연으로 일어난 일이지만, 그것을 사랑할 '운명', 그녀를 절대적 '필연'으로여기는 방식은 폴링 인 러브의 공식이다. 이 책은 사랑의발생론에 대한 철학적 통찰로 빛난다. 그러나 사랑은 최초의 선언에 한정되어 있다. 이것으로 우리는 사랑에 대해다 말할 수 있는가? 단지 30개월간 일어나는 짧은 사랑을우리는 얼마나 신뢰할 수 있는가? 100세까지 살아야 하는고령화 사회의 현대인들에게 낭만적 사랑은 충분하지 않다. 그렇게 되면 하루키의 '여자 없는 남자들'처럼 우리는아주 오랫동안 외로울 것이다.

20년 후 알랭 드 보통은 낭만적 사랑 이후의 일상적삶에서 이루어지는 사랑의 문제를 제기한다. "결혼해보니어떻던가요?"라는 질문에 답하기 위해 작가는《낭만적 연애와 그 후의 일상》을 썼다고 한다. 이 책은 라비와 커스틴이라는 커플이 결혼한 후 일상에서 사랑이 어떻게 전개되는지를 보여준다.

한때 그가 낭만이라 보았던 것—무언의 직관, 순간적인 갈망, 영혼의 짝에 대한 믿음—이 두 사람의 관계를 어떻게 유지하는지를 배워가는 데 방해가 된다는 것을 알게 될 것이다. 사랑을 유발했던 신비한 열정으로부터 눈을 돌릴 때 사랑이 지속될 수 있음을, 유효한 관계를 위해서는 그 관계에 처음 빠져들게 한 감정들을 포기할 필요가 있다는 결론에 이를 것이다. 이제 그는 사랑은 열정이라기보다 기술이라는 사실을 배워야만 할 것이다.

작가의 문제의식은 러브 스토리들이 너무 빠른 결말에 이른다는 데에 있다. 사랑이 시작되는 신비하고 복잡한 감정에 포커스를 맞추고 '그리고 그들은 행복하게 살았습니다'로 끝나는 이야기들은 중요하지만, 긴 삶 속에서 전개되어야 할 사랑에 대해서는 무지하다. 그것이 꼭 결혼 생활만을 말하는 것은 아니다. 사랑이 시작된 이후 권태와 미움, 갈등과 질투, 돈과 육아라는 삶의 서사는 과감하게 생략된다. 알랭 드 보통은 사랑의 지속성이 초기의 낭만적 사랑보다 삶에 관한 더 정확한 이야기라고 파악한다. 우리가 사랑이라 부르는 것은 단지 사랑의 시작에 불과하다는 것이다. 연인들은 결혼 생활과 다툼, 출산과 육아, 권태와 불륜의 갈등을 겪으면서 '나는 미친 사람을 만났다'라는 실망감과 상대를 죽이고 싶을 만큼의 분노와 미움을 경험한다. 물론 그럼에도 아이들, 가족, 섹스와 같은 기쁨들을 맛보지만, 그것은 낭만적 사랑에 빠졌을 때 기대했던 수준이 못 된다.

그걸로 사랑은 끝난 것인가? 우리는 그 이후에 주목해야 한다. 그렇다면 지속으로서의 사랑은 어떠해야 하는가? 작가는 사랑이 시작될 때의 낭만적 사랑의 믿음들이 오히려 사랑을 유지하는 데 방해가 된다고 과감하게 결론짓는다. 사랑을 유발했던 낭만적 열정에 대한 관심을 멈출 때 사랑은 삶과 함께 지속될 수 있다. 유리 구두의 주인을 찾아 헤매던 왕자와 구두의 주인 신데렐라가 성대한 결혼식을 올린 후, 그들은 정말 행복하게 오래오래 살았을까? 그것이 동화인 이유는 그 이후 삶의 이야기를 생략했기 때문이다. 그 이후의 지난한 삶의 이야기는 구질구질한 사건들이 얽히고설킨 장편소설이 될 것이다. 소설은 아이의 세계가 아니라 어른의 세계에 속한다.

알랭 바디우는 사랑을 '구축'의 문제로 접근한다. 구축이란 어떤 일이나 조직, 체계의 기초를 닦아 쌓거나 마련한다는 뜻이다. 사랑은 자연적으로 주어진 것, 멀리서 빛나는 것, 타오르는 열정에 한정된 것이 아니라 삶의 관계 속에서 기초를 쌓고 마련하는 지속적인 과정이다. '폴링 인 러브'는 사랑의 구축이라기보다 구축의 출발점에 해당한다. 우리는 출발점으로서의 사랑에 집착해왔다. 출발점을 포함한 과정으로서의 사랑, 삶으로서의 사랑은 둘이 함께할 수 있는 무대를 지속적으로 만들고 구축하는 일이다. 그는 "사랑은 끈덕지게 이어지는 일종의 모험"이라고 정의한다. 진정한 사랑은 사랑에 부과하는 장애물들을 지속적으로 극복해가는 과정이라고 보는 것이다. 여기서 지속성은 영원함을 뜻하지 않는다. 영원한 사랑은 구체적인 삶의 형태를 고려하지 않은 이념이지만, 지속성은 삶에 기초하여 사랑을 구축하는 실천적 과정이다. 최초의 사랑을 삶 속에서 반복적으로 '다시' 선언하는 일, 그것은 삶을 재발명하는 것이기도 하다.

삶의 발견, 사랑의 발명

현대를 살아가는 연인들은 이성애 및 일부일처제라는 제도에 묶여 있다. 특히 결혼이 일부일처제로 제도화되면서 '남자와 여자 단둘'만이 연인으로 공인되고 있다. 이성애가 특권화되고 젠더 평등이 실현되지 않으면서 여전히 가부장적 권력이 사랑의 형식에 깊이 개입되어 있다. 나는 사랑을 긍정하기 위해서는 기존의 제도를 비판적으로 성찰하고 다양한 형태를 고안하는 것이 필요함을 강조하고 싶다. 연인들이 처한 상황에 맞는 독창적 형태들을 상상하고 고안할 때 사랑은 현실적으로 긍정될 수 있기 때문이다.

　　연애와 결혼의 기본 전제인 일부일처제는 우리에게 자연스러운 제도인가? 진화 생물학자들은 자연스러운 것이 아니라고 답한다. 앞서 비판했던 것처럼 진화 생물학은 인간을 새로운 시선으로 바라볼 수 있는 관점을 제공하기도 하지만, 고정된 질서를 합리적으로 해명하는 역할을 한다는 점에서 보수적이다. 그럼에도 진화 생물학자들은 동물 세계에서 일부일처제를 비교함으로써 인간의 짝짓기 제도를 객관적으로 바라볼 수 있게 해주며, 그것이 얼마나 드물고 부자연스러운 것인지를 증명하였다. 심리학 교수인 데이비드 버래쉬와 정신과 의사 주디스 이브 립턴은 《일부일처제의 신화》에서 자연의 짝짓기를 통해 인간의 바람 피우기와 일부일처세의 관계를 탐색하였다. 이 책의 부제는 "자연의 짝짓기를 통해 본 인간의 욕망과 불륜"이다. 이 책은 인간의 일부다처제가 생물학적으로 더 자연스럽다는 것을 옹호하는 영장류학자와 인류학자들을 참조하면서 그 의견이 더 확고해지고 있다고 말한다. 포유동물 전체에서 일부일처제인 종은 3퍼센트이고, 영장류 중에서는 10~15퍼센트 정도라고 알려져 있다. 이처럼 동물 세계에서 일부일처제는 상당히 드문 경우이며, 포유동물들 중에서도 지극히 희귀한 짝짓기 형태이다. 그렇다면 인간 사회는 어떠한가? 근대 이전 전 세계 238개의 인간 사회 가운데 일부일처제를 혼인 체제로 강요하는 사회는 43개뿐이었다. 서구와 접촉하기 전에 평균 80퍼센트가 넘는 인간 사회가 일부다처제를 선호했다는 연구도 있다. 진화 생물학자는 일부일처제가 '자연스러운 인간 조건'이 아니라고 주장한다.

게다가 이 책의 저자들은 일부일처제 사회일지라도 다른 동물들과 마찬가지로 혼외 성교가 만연해 있음을 지적한다. 고대 트로이 전쟁을 일으킨 것은 파리스와 헬레네의 연애 사건이었다. 주목할 부분은 헬레네가 기혼이었다는 것인데, 이처럼 역사적으로 일부일처제가 엄격하게 지켜지지 않았음을 알 수 있다. 수많은 멜로드라마와 유행가, 연애소설은 제도를 일탈하는 사랑을 찬미했다. 일부일처제의 측면에서 보자면 위험한 일이지만 문제는 일부일처제가 엄격하게 지켜질 수 없는 이유가 인간들이 비윤리적이어서가 아니라, 생물학적으로 자연스럽지 않은 형태이기 때문이라는 것이다. 저자들은 일부일처제가 대안들과 비교할 때를 제외하고는 최악의 체제라는 결론을 내린다. 그렇다고 해서 일부다처제, 일처다부제, 집단혼, '개방된 혼인' 같은 다른 제도들이 더 잘 작동한다고 밝혀진 적은 없다고 덧붙이면서 말이다. 즉 다른 결혼제도가 더 좋다고 말하기는 어렵지만, 확실한 것은 일부일처제 역시 최상의 제도는 아니라는 것이다.

우리는 일부일처제를 도덕과 윤리, 법적 규범에 결부해 사고한다. 사랑과 성의 차원에서 본다면 일부일처제는 부자연스러우며, 사랑을 억압하는 것이다. '단둘이서 영원히'라는 낭만적 사랑이 인간의 일부일처제라는 결혼제도를 강화하는 요인이 되었지만, 역설적으로 현대의 일부일처제는 그것을 깨트리는 불륜과 혼외정사를 통해 유지되고 있다. 사랑을 사회적 제도 안에서만 유지하려는 욕구는 오히려 사랑을 어렵게 만든다. 우리는 다양한 연애 형태와 가족 형태, 결혼 제도를 상상하고 고안할 필요가 있다.

일부일처제든 일부다처제든 간에 결혼제도는 이성애 제도에 기초해 있다. 그러나 이제 여성은 남성을 사랑하고 남성은 여성을 사랑하는 것이 자연의 질서라고 여기던 시절은 지나갔다. 이성애는 인간의 성애 중 하나로 간주되고 있으며, 동성애와 양성애가 사회적으로 받아들여지고 있는 추세에 있다. 그 외의 성애 형태에는 어떤 것이 있을까? 여기서 질문. 아메바와 수학자 에르되시 팔Erdös Pál의 공통점은 무엇일까? 에르되시 팔는 하루에 세 시간만 자고, 열아홉 시간을 수학에 매달렸고, 커피를 제외하고는 잘 먹지도 않았으며, 성적 쾌락이 싫다고 말한 수학자이다. 흥미롭게도 아메바와 그의 공통점은 무성애라고 주장하는 이론이 있다. '무성애asexuality(無性愛)'란 성적 욕망을 지속적으로 느끼지 못하는 것을 의미하며, 성욕은 있지만 특정한 상대와의 성관계를 원하지 않거나, 로맨틱한 감정은 느끼지만 2세를 위한 성욕은 느끼지 못하는 것을 말한다. 무성애 연구가인 앤서니 보게트는 문화적으로 만들어진 '로맨틱한 매력'과 번식을 목적으로 하는 진화론적 개념인 '성적 매력'을 구분하고, 무성애자는 로맨틱한 매력을 느끼지만 성적 매력에 대해서는 최소한으로 느끼는 사람이라고 규정하였다.* 이른바 섹스 없는 사랑을 하는 사람들이 있다는 것이다. 동성애자들이 지구상에 10퍼센트 정도 해당된다면, 무성애자는 1퍼센트 정도 존재한다고 한다. 작가 에밀리 브론테나, 코난 도일의 소설 속 인물 셜록 홈즈가 무성애자일지 모른다고 추측하는 것도 그들의 성애에 대한 무관심 때문이다. 무성애자는 현대 과도 성욕 사회에서 질병으로 규정되어 성 장애자로 인식되고 있는데, 사실은 동성애나 마찬가지로 소수 성애자에 해당된다. 무성애는 인간의 성적 취향이 이성애, 동성애, 양성애뿐 아니라, 성적 매혹을 느끼지 못하는 경우도 존재한다는 사실을 통해 성적 정체성의 스펙트럼을 확장한다.

다양한 성적 취향과 젠더 경향성은 연애 및 결혼제도를 둘러싼 새로운 논의를 필요로 한다. 사회적으로 용인

---

* 앤서니 보개트, 《무성애를 말하다》, 임옥희 옮김, 레디셋고, 2013 참조.

된 일부일처제뿐 아니라, 동성애 결혼 및 가족 제도, 양성애와 무성애자들을 포괄하는 다양한 삶의 형태들이 제시되고 인정되어야 한다. 제도는 삶을 위한 것이지 규범 자체를 위한 것이 아니지 않은가? 앞에서 시대적으로 변화하는 사랑의 역사에서도 살펴본 바와 같이 사랑은 역사적이며 문화적인 것이다. 인간은 역사 안에서 구성되기도 하지만, 역사의 행위자들이기도 하다. 사랑의 역사는 사랑을 긍정하는 인간 주체들에 의해 새롭게 발견되고 실험되면서 나아갈 수 있다.

박현욱의 소설 《아내가 결혼했다》는 사랑과 결혼에 대한 발랄하고 발칙한 상상력을 통해 새로운 제도를 제안한다. 이른바 다자간 연애인 폴리아모리Polyamory*를 실험한 소설이다. 두 남자와 한 여자의 사랑과 결혼에 관한 이야기이다. 물론 이 소설이 이성애에 기초해 있다는 점에서 아주 급진적인 실험은 아니지만, 두 남자와 한 여자가 가족이 될 수 있을까를 질문한다는 점에서 신선한 충격을 주었다. 덕훈과 인아는 사랑에 빠져 결혼한다. 인아는 처음부터 덕훈만을 사랑할 것 같지 않으며 서로 독점하지 말자는 말을 하지만, 덕훈은 심상하게 받아들인다. 결혼 후 인아는 다른 남자를 사랑하게 되었다고 말하고, 사랑하는 사람을 정부로 만들고 싶지 않기 때문에 결혼해서 같이 살고 싶다고 털어놓는다. 덕훈은 인아를 여전히 사랑하기 때문에 그 제안을 울며 겨자 먹기로 받아들인다. 아내가 결혼한 것이다. 인아의 다른 남자 재경은 두 사람을 동시에 사랑하는 일도 인정할 수 있으며, 독점욕이나 질투심을 버리고 상대방을 존중할 수 있다고 주장하는 폴리아모리스트이다. 인아는 아이를 낳는다. 그리고 우여곡절 끝에 아이와 인아, 덕훈과 재경은 가족을 이루기로 하고 뉴질랜드로 떠난다. "모든 것이 무너져도 우리에겐 항상 축구가 있다"라는 문장으로 이 소설은 끝난다. 제도는 무너져도 사랑은 항상 남아 있다는 말로 바꿔 읽어도 좋을 것이다.

이들의 새로운 실험은 성공할 수 있을까? 작가 역시

* 여러 사람을 동시에 사랑하는 형태의 관계. 다자간 사랑, 다자간 연애, 비독점적 다자 연애 등으로 부른다. 폴리Poly는 '많은'이라는 뜻의 접두사이며 '아모리Amory'는 사랑이라는 뜻의 라틴어 '아모르Amor'에서 온 말이다. 이들은 누군가를 독점하고 있는 것이 사랑을 뜻하는 것이 아니라는 가치관을 추구한다. 누군가를 사랑한다면 그 사람이 자유롭게 본인이 하고 싶은 것을 할 수 있도록 만들어주는 것이 진정한 사랑이라고 믿는다. 배우자 혹은 연인이 자신이 아닌 또 다른 사람을 사랑한다는 것이 질투가 나는 것은 당연하지만, 상대방이 나 말고 다른 사람과 함께 있음으로 인해서 기쁨을 느낀다고 생각하며 질투를 다스린다고 한다. 다자간 연애에서 가장 중요하게 여겨지는 것은 본인이 A 그리고 B와 교제를 하고 있다는 사실을 A, B도 동일하게 알고 있어야 한다는 것이다. 이는 모노아모리 monoamory(독점적 연애)에 대한 불신과 회의에 기반하고 있으며, 열린 관계와 개방적 연애에 대한 대안이다. 폴리아모리는 독신 가구, 법적으로 결혼을 한 사람, 아이가 있는 가정 등 어느 유형에서도 나타날 수 있다.

영화 〈아내가 결혼했다〉(2008) 중에서

우리는 다 함께 사랑할 수 있을까

덕훈과 결혼한 인아는 다른 남자를 사랑하게 되었다고 털어놓고, 그와 결혼한다. 덕훈과 인아, 그리고 다른 남자 재경은 서로 사랑하고 결혼하고 아이를 낳는다. 폴리아모리를 실현한 그들처럼, 단둘이 독점하는 관계가 아니라 열린 관계와 새로운 사랑의 제도를 우리는 발명할 수 있을까?

이들의 미래에 대해 낙관적이지 않다. 덕훈은 이들의 사랑이 앞으로 어떻게 펼쳐질지 알 수 없다고 말한다. 확실한 것이 있다면 덕훈은 자신의 사랑에 맞는 가족 형태를 계속 모색할 것이라는 점이다. 이들은 일부일처제라는 결혼 제도를 넘어서 사랑을 지속하고자 한다. 단둘만의 사랑이 아니라, 셋인 사랑이기 때문이다. 셋인 사랑이 제도적으로 용인되지 않을 때 소설 속 인물들은 사회적 제도를 변형한다. 자신들만의 독창적인 형태로 말이다. 그런데 인아가 두 집 살림과 두 집 며느리 역할을 어떠한 불평 없이 고스란히 감당하며, 육아와 가사 노동에서 자유롭지 못한 인물로 묘사되는 점이 안타깝다. 여성적 역할에 대해서는 보수적 입장을 그대로 드러낸다는 점에 이 소설에도 한계가 있는 것이다. 그럼에도 연애 제도에 대한 회의와 그 대안의 모색은 유쾌하고 발랄하며 지적이다.

폴리아모리를 진지하게 탐색한 이 소설은 가장 성숙한 형태의 폴리아모리즘인 '폴리피델리티Polyfidelity'를 검토한다. 폴리피델리티란 가족 확대를 통해 친밀감을 강화하는 것으로서 결혼과 공동 육아, 재산 공유, 공동체 생활을 통해 세계를 변화시키겠다는 유토피아적 발상이다. 평등한 결혼을 지향하는 폴리피델리티는 성적 평등과 소유욕 없는 관계, 배우자 간의 친밀성과 진정한 사랑을 아우르는 개념이다. 폴리피델리티는 질투심이라는 감정도 소멸시킨다. 상대가 사랑 속에서 기뻐하는 모습을 볼 때 질투심이 아니라 기쁨의 감정이 생긴다고 한다. 새로운 제도가 인간의 고유한 감정을 새롭게 재배치하는 것이다.

우리 모두 폴리아모리스트가 될 필요는 없다. 하지만 둘의 세계에 빠져 사랑이 상처 입을 때 우리는 다른 방식을 생각하면서 해결의 실마리를 탐색할 수 있을지 모른다. 둘이 아니라 셋 이상이 사랑에 빠질 때, 일반적으로 질투심을 느끼거나 갈등하고 상처를 주며 이별하거나 위험한 치정 사건을 경험하게 마련인데, 다른 방법은 없는 걸까? '단둘이서 영원히'라는 이념을 지켜야 하는 낭만적 사랑이나, 그것에 기초한 이성애적 일부일처제는 한 사람만을 독점하기 때문에 다양한 사랑의 감정과 관계를 담아내기에는 역부족이다. 제도가 담아낼 수 없다면 제도를 확장하거나 새로운 제도를 고안할 필요가 있다. 그렇지 않다면 사랑은 현실에서는 존재하기 어려운 것이 되고, 저 멀리 빛나는 별처럼 이상 세계에서만 반짝이게 될 것이다.

나가며 사랑의 재발명

사랑을 긍정하는 것은 삶을 긍정하는 일이다. 사랑이 행복함과 기쁨을 주며, 지고한 쾌락을 경험하게 하고, 상대를 최고의 주인공으로 삼으며, 자아의 감옥에서 벗어나 타자에게로 열려가는 긍정적인 경험이라면, 그것은 현실에서 나의 것으로 향유될 수 있어야 한다. 나아가 사랑은 현실에서 인정되어야 하며, 제도 속에서 안정감을 부여받아야 할 것이다. 사랑은 사적인 영역이 아니라 사회적·역사적 감정이며, 젠더 배치와 결혼 제도, 자본주의와 연관된 복잡한 것이기 때문이다. 그것은 사랑을 제도에서 삶으로 전환하여 사유할 때 가능하다. 사랑을 개인의 자유로운 선택으로 한정해서도, 고정된 제도의 관점에서만 바라보아서도, 성과 사랑, 결혼, 가족이라는 복잡한 문제를 풀 수 없다. 사랑은 삶의 문제다. 사랑의 발견은 삶의 발견이며, 사랑의 발명은 삶의 발명이다. 이성애뿐 아니라 동성애, 양성애, 무성애를 포괄하고, 일부일처제뿐 아니라 다양한 형태의 결혼 제도가 모색되고 실험되고 인정될 필요가 있다. 사랑을 긍정하는 방법은 발견되고 재발명되어야 한다.

사랑을 유토피아로 생각하거나 이념적이고 지고지순한 것으로 여길 때 사랑은 삶 속에서 실현되지 않고 유보된다. 나는 사랑을 헤테로토피아적인 것으로서, 발견 가능하고 발명 가능한 것으로 생각하자고 주장하고 싶다. 이때 사랑은 독창적인 것이다. 독창성은 남들과 다른 것을 창조하는 가치이다. 모든 사랑의 특징은 무한대이다. 같은 사람이 없듯이 같은 사랑도 있을 수 없다. 사랑은 사회적·역사적인 것이어서 많은 사람들과 동일한 공통적인 형태로 수행되지만, 사회 역사적 틀에 갇혀 어떤 독창성도 없이 모방하기만 하면 우리는 사랑의 실패자가 된다. 사랑의 기쁨과 가치를 충분히 나의 것으로 향유할 수 없기 때문이다. 다른 사람이 욕망하는 사랑을 내가 욕망할 때 그 사랑은 누구의 것인가? 우리는 연인들만의 고유한 것, 특별한 가치, 상황적·맥락적 특수성, 대체 불가능한 원리를 만들수 있다. 나아가 사회적·역사적인 낡은 사랑을 교체하면서 새롭고 아름다운 사랑을 만들어나갈 수 있다. 초기 사랑의 선언과 고백은 지속적인 삶 속에서 반복되고 재선언되어야 한다. 그것이 사랑의 독창성이며 사랑의 재발명이다. 사랑을 삶 속에서 지속적으로 긍정하고 끊임없이 타자의 차이를 발견하며 관계의 독창성을 재발명할 때, 사랑은 영화나 소설 속의 이야기가 아니라 나의 이야기, 당신과 나의 이야기가 될 것이다.

인명 설명

주디스 버틀러Judith Butler (1956~)

여성주의 철학, 퀴어 이론, 정치 철학, 윤리학 등 전방위로
활동하는 후기 구조주의 이론가이며 급진적 행동주의자이다.
헤겔 철학의 프랑스 수용사로 박사 학위를 받은 버틀러는
수행성 개념을 통해 섹스화되고 젠더화된 정체성의 문제를
다룬 《젠더 트러블》로 세계적 명성을 얻었으며, 페미니즘과
문화 연구, 사회학 분야에 큰 영향을 미쳤다. 버틀러는
여성이나 남성 같은 용어를 무비판적으로 사용하는 것은
잘못이며, 그러한 주체가 이미 존재한다는 가정은 오류라고
비판한다. 수행성 개념에 따르면 주체는 행위의 원인이 아니라
결과이자 효과이며, 따라서 주체란 '과정-중의-주체'라고 할
수 있다.

에마뉘엘 레비나스Emmanuel Levinas (1906~1995)

서구의 존재철학 전체를 비판적으로 문제 삼고, 윤리학을
'제1철학'으로 내세우는 타자성의 철학으로 뚜렷한 족적을
남긴 프랑스 철학자이다. 《시간과 타자》, 《전체성과 무한》 등의
저서를 남겼다. 레비나스의 윤리 철학이 중요한 것은 주체성이
아니라 타자성의 문제를 근본적으로 제기했기 때문이다.
그의 주요 개념인 타자성 혹은 이타성은 나(동일자)의 이해를
초월해 있으며, 자아로 환원될 수 없는 완전히 낯선 존재이다.
그렇기 때문에 그는 타자와의 관계를 융합의 관점으로 보는
시각을 전면적으로 비판한다. 또한 타자란 절대적으로 다른
자, 모든 것이 박탈된 궁핍한 얼굴, 고통받는 얼굴로 현현하는
존재이기도 하다. 그의 타자성 개념은 페미니즘, 인간학,
탈식민 연구, 퀴어 이론에 중대한 영향을 미쳤다.

한병철 (1959~)

고려대학교에서 금속공학을 전공한 뒤 프라이부르크와
뮌헨에서 철학과 독일 문학, 신학을 공부하고, 현재 베를린
예술대학교에서 철학 및 문화학 교수로 재직 중이다.
《피로사회》,《투명사회》 등의 저작이 독일에서 사회적 반향을
일으키며 주목받는 문화 비평가로 떠올랐다. 한병철은
신자본주의 시대의 사랑을 비판적으로 분석한《에로스의
종말》에서 타자의 침식과 자아의 나르시스트화에 의해 현대는
타자가 사라지는 시대라고 진단한다. 사랑의 주체는 자기를
타자를 향해 던지는 자이며, 사랑은 타자를 타자로서 경험하는
과정이고, 자기부정을 통한 주체의 약화이면서 동시에 타자의
선물이라고 주장한다.

에바 일루즈Eva Illouz (1961~)

모로코에서 태어나 프랑스로 이주해 파리10대학에서 사회학, 커뮤니케이션학, 문학을 공부한 일루즈는 감정을 사회학적으로 접근하여 이론화하는 작업을 지속하고 있다. 낭만적 사랑이 후기 자본주의 문화 및 계급 관계와 어떻게 연관되어 있는지를 검토한 바 있으며, 감정은 문화나 사회 이전이 아니라, 문화적 의미와 사회관계가 압축된 것임을 분석하였다. 특히 《사랑은 왜 아픈가》에서 현대인들이 겪는 사랑의 고통을 결혼 시장의 형성, 선택의 생태 조건, 인정 욕구, 감정의 과학화, 낭만적 사랑 개념의 변화를 총체적으로 분석하고, 새로운 열정적 사랑의 형식을 어떻게 고안할 것인가를 사유한다.

니클라스 루만Niklas Luhmann (1927~1998)

프라이부르크 대학에서 법학을 공부한 후 판사와 문화부 공직
생활을 하였으며, 1961년부터 하버드 대학에서 수학하면서
탤콧 파슨스Talcott Parsons와의 만남을 통해 사회 체계 이론의
설계에 착수하였다. 그는 사회 이론의 완성에 30년을 바쳤고,
매체 과학, 정치학, 법학, 철학, 언어학, 인공지능 연구,
심리학과 교육학, 환경과 생태학에까지 연구를 확장하여
70여 권의 저서를 남겼다. 루만은 생물학의 '자기 생산'
개념을 활용하여 의식은 생각의 의미적 자기 생산으로,
사회는 소통의 의미적 자기 생산으로 정립하면서 사회 체계
이론을 정식화하였다. 그는 《열정으로서의 사랑》에서 사랑을
숭고한 이념이나 사회적 가치가 아니라, 자율적으로 의미가
코드화되는 개념으로 설정하고 사회 체계 내에서 소통되는
과정을 역사적 변화 속에서 묘사하고 있다.

앤서니 기든스Anthony Giddens (1938~)

좌우 이념을 넘나들며 현실 정치에 개입한 영국의 대표적
사회학자이다. 그의 사회학적 업적은 '구조화 이론'이라는
독자적 이론 확립, 좌우 이념을 넘어서는 '제3의 길' 제안,
근대성에 대한 재고, 성찰적 근대화 이론 제시에 있다. 그는
성과 사랑이라는 친밀성의 영역이 현대에 와서 구조적인
변동을 맞았다고 보면서 현대의 섹슈얼리티를 '조형적
섹슈얼리티Plastic Sexuality'로 설명한다. 조형적 섹슈얼리티는
임신과 출산이 전세되지 않은 섹슈얼리디로서 여성의 성에
대한 자율성을 부여하고 성의 민주화가 실현되는 과정을
말한다. 특히 그는 투사적 동일시, 연인들의 불평등 관계,
권력의 비대칭성, 이성애주의, 영원성과 유일성을 지향하는
낭만적 사랑을 비판한다. 그리고 정체성의 차이를 긍정하고,
평등 관계와 동성애를 인정하며, 능동적이고 우발적인 관계에
기초한 '합류적 사랑'을 제안하였다.

롤랑 바르트Roland Barthes (1915~1980)

신화, 기호, 텍스트, 소설적인 것으로 이어지는 바르트의
문학적 모험은 마르크스와 소쉬르, 데리다, 라캉, 니체를
독창적으로 해석하여 다시 쓰기로 이행되었다. 그에게
텍스트는 끊임없이 다른 곳으로 이동하는 언어의 불가능한
모험이다. 특히 바르트에 의해 창안된 '저자의 죽음'은
텍스트의 주인이 저자가 아니라, 새롭게 해석 가능한 독자인
것으로 그 지위를 격상한다. 작가를 텍스트의 기원이고 의미의
근원이라 보면서 저자의 의도를 작품의 해석 기준으로 삼는
것에 강렬히 비판하며, 저자의 '죽음'을 사용한다. 저자는 단지
그 시대의 모습을 표현하는 도구일 뿐, 독자에게 자신의 생각,
관념 등을 전달하는 것이 아니라 독자 스스로 새로운 의미를
창출하고, 스스로 해석한다는 것이다. 그는 《사랑의 단상》에서
사랑에 대한 담론이 아니라 사랑에 빠진 주체의 우발적이고
파편적인 독백을 통해 사랑을 사유하였다. 괴테의 《젊은
베르테르의 슬픔》을 바르트식으로 다시 쓰면서 사랑에 빠진
자의 고통과 기쁨 등을 폭발적인 언어로 파편화하였다.

알랭 바디우Alain Badiou (1937~)

현대 프랑스 철학을 대표하는 철학자이며, 극작가이자 소설가이기도 한 알랭 바디우는 파리8대학과 파리 사범고등학교 철학과 교수로 재직했으며, 정치적·철학적 대안을 찾고자 노력했다. 1988년《존재와 사건》을 출판하여 철학의 새로운 가능성을 타진하고, 새로운 정치적 전망을 연 그는 《철학을 위한 선언》,《조건들》,《사도 바울》 등을 발표하며 새로운 진리 철학을 확립했다. 2000년 이후 중요한 정치적 사안에 개입하여 신자유주의 정치를 비판하는 한편, '당 없는 정치'를 주창하며 의회민주주의에 대한 근본적인 비판을 수행하고 있다. 특히《사랑 예찬》에서 성애적 사랑이 진리를 생산하는 절차라고 단언하면서 낭만적 사랑 개념을 비판하고, 끈덕지게 재선언하는 지속으로서의 사랑을 긍정하고 있다.

참고문헌

간노 사토미, 《근대 일본의 연애론》, 손지연 옮김, 논형, 2014.

권보드래, 《연애의 시대》, 현실문화연구, 2003.

김동인, 〈마음이 옅은 자여〉, 《약한 자의 슬픔(외)》,
종합출판범우, 2004.

김수영, 〈사랑〉, 《김수영 전집 1》, 민음사, 2003.

니클라스 루만, 《열정으로서의 사랑》, 정성훈 외 옮김,
새물결, 2009.

데이비드 P. 버래쉬·주디스 이브 립턴, 《일부일처제의 신화》,
이한음 옮김, 해냄, 2002.

롤랑 바르트, 《사랑의 단상》, 김희영 옮김, 동문선, 2004.

마리 루티, 《하버드 사랑학 수업》, 권상미 옮김,
웅진지식하우스, 2020.

만프레트 타이젠, 《러브 사이언스》, 배진아 옮김, 추수밭, 2007.

미셸 푸코, 《헤테로토피아》, 이상길 옮김, 문학과지성사, 2014.

박범신, 《은교》, 문학동네, 2010.

박완서, 〈사랑하기 때문에 쓴다〉, 《노란 집》, 열림원, 2013.

박현욱, 《아내가 결혼했다》, 문학동네, 2014 .

스콧 피츠제럴드, 《위대한 개츠비》, 김욱동 옮김, 민음사, 2003.

신경숙, 《외딴 방》, 문학동네, 2014.

알랭 드 보통, 《왜 나는 너를 사랑하는가》, 정영목 옮김,
청미래, 2007.

_____, 《낭만적 연애와 그 후의 일상》, 김한영 옮김,
은행나무, 2016.

알랭 바디우, 《사랑 예찬》, 조재룡 옮김, 길, 2010.

앤서니 기든스, 《현대 사회의 성 사랑 에로티시즘》,
배은경·황정미 옮김, 새물결, 2001.

앤서니 보게트, 《무성애를 말하다》, 임옥희 옮김,
레디셋고, 2013.

양태자, 《중세의 뒷골목 사랑》, 이랑, 2012.

에마뉘엘 레비나스, 《시간과 타자》, 강영안 옮김,
문예출판사, 1996.

_____, 《존재에서 존재자로》, 서동욱 옮김, 민음사, 2003.

_____, 《윤리와 무한》, 양명수 옮김, 다산글방, 2000.

에밀리 브론테, 《폭풍의 언덕》, 김종길 옮김, 민음사, 2005.

에바 일루즈, 《사랑은 왜 아픈가》, 김희상 옮김, 돌베개, 2013.

요한 볼프강 폰 괴테, 《파우스트》, 정서웅 옮김, 민음사, 1999.

_____, 《젊은 베르테르의 슬픔》, 박찬기 옮김, 민음사, 1999.

울리히 벡, 《위험 사회》, 홍성태 옮김, 새물결, 2006.

_____ · 엘리자베트 벡 게른샤임, 《사랑은 지독한, 그러나 너무나 정상적인 혼란》, 강수영 외 옮김, 새물결, 1999.

위기철, 《아홉 살 인생》, 청년사, 2010.

이광수, 《무정》, 문학과지성사, 2005.

이디스 워튼, 《순수의 시대》, 송은주 옮김, 민음사, 2008.

이혜자 · 김윤정, 「부부 관계(사랑과 성)가 노년기 삶의 질에 미치는 영향」, 《한국노년학》 제24권 제4호, 한국노년학회, 2004.

장대익, 〈포르노그래피의 자연사〉, 《포르노 이슈》, 그린비, 2013.

정이현, 〈낭만적 사랑과 사회〉, 《낭만적 사랑과 사회》,
문학과지성사, 2003.

제인 오스틴, 《오만과 편견》, 윤지관·전승희 옮김, 민음사, 2003.

존 그레이, 《화성에서 온 남자 금성에서 온 여자》, 김경숙 옮김,
동녘라이프, 2010.

주디스 버틀러, 《젠더 트러블》, 조현준 옮김, 문학동네, 2008.

최정, 《미친 연애》, 좋은날들, 2011.

폴 리쾨르, 《타자로서의 자기 자신》, 김웅권 옮김, 동문선, 2006.

한병철, 《에로스의 종말》, 김태환 옮김, 문학과지성사, 2015.

헬렌 피셔, 《왜 사람은 바람을 피우고 싶어 할까》, 최소영 옮김,
21세기북스, 2009.

황순원, 〈소나기〉, 《소나기: 황순원 단편집》, 다림, 2002.

배반인문학

사 랑

1판 1쇄 발행 2017년 8월 28일
개정판 1쇄 발행 2021년 7월 12일
개정판 3쇄 발행 2024년 10월 4일

지은이 · 임지연
펴낸이 · 주연선

(주)은행나무
04035 서울특별시 마포구 양화로11길 54
전화 · 02)3143-0651~3 | 팩스 · 02)3143-0654
신고번호 · 제 1997—000168호(1997. 12. 12)
www.ehbook.co.kr
ehbook@ehbook.co.kr

ISBN 979-11-6737-037-2 (04100)
ISBN 979-11-6737-005-1 (세트)